KB179026

막스 베버가 들려주는

카리스마 이야기

막스 베버가 들려주는

카리스마 이야기

ⓒ 오채환, 2006

초판 1쇄 발행일 2006년 9월 7일
초판 13쇄 발행일 2021년 4월 28일

지은이   오채환
펴낸이   정은영
펴낸곳   (주)자음과모음

출판등록   2001년 11월 28일 제2001-000259호
주소   04047 서울시 마포구 양화로6길 49
전화   편집부 (02)324-2347 경영지원부 (02)325-6047
팩스   편집부 (02)324-2348 경영지원부 (02)2648-1311
e-mail   jamoteen@jamobook.com

ISBN 978-89-544-1956-7 (64100)

막스 베버가 들려주는

카리스마 이야기

오채환 지음

|주|자음과모음

여러분은 카리스마라는 말을 많이 들어 보았을 것입니다. 가령 특정 연예인을 소개할 때 '강렬한 눈빛 카리스마의 주인공', '단단한 근육질의 몸 전체에서 뿜어내는 카리스마 액션', '영혼을 일깨우는 목소리 카리스마', '누구도 넘볼 수 없는 S라인 카리스마' 등등의 표현을 자주 접했을 것입니다. 그래서 한 번쯤은 '카리스마가 도대체 뭐기에' 라는 의문을 품은 적도 있을 것입니다.

이처럼 자주 듣는 카리스마라는 단어의 참뜻을 새겨 보는 일은 그 단어를 정확하게 익히는 일 이상으로 중요한 것입니다. 거기에는 중요한 철학적 개념과 그것을 둘러싼 많은 학문적 견해 및 사상적 논의가 담겨 있기 때문입니다.

어릴 적에 처음 익히는 용어와 개념 이해는 하얀 도화지 위에 처음 붓질을 하는 것만큼이나 중요합니다. 용어의 이런 전말에 대해 종합적으로 이해하는 것은 반듯한 사고와 정확한 표현을 필요로 하는 논리적 진술 능력의 향상에도 크게 도움이 될 것입니다.

 오늘날 신비로운 매력쯤으로 알려진 카리스마는 원래는 그리스도교 용어로, 성령의 특별한 은총을 뜻하는 그리스어인 카리스마(karisma)에서 유래합니다. 보다 쉽게 표현하면 신이 주신 선물(gift)이라 할 수 있습니다. 그렇지만 범사(every thing)를 모두 포괄적으로 은총이라 여기며 감사하는 입장과 구별하기 위하여, 구체적으로 카리스마는 신으로부터 부여받은 기적 실현, 영(靈)의 식별과 예언 능력, 나아가 지배자의 초자연적·초인간적·비일상적인 힘 따위를 일컫게 되었습니다.

 이런 카리스마라는 용어를 맨 처음 사용한 사람은 베버보다 조금 선배 법학자인 루돌프 좀이지만, 이것으로 지배의 형태에 이름을 붙이고 체계적인 이론을 전개한 최초의 학자는 막스 베버입니다. 베버는 사회를 지배하는 권위의 근거를 세 가지로 나누었는데, 그중 하나가 카리스마였던 것입니다.

이 책에서는 카리스마라는 사상적 용어의 정확한 본래 의미를 자연스럽게 이해할 수 있도록 친근한 예화를 만들어 소개했습니다. 아울러 역사적인 배경을 통한 전반적인 사상의 흐름도 쉽게 알아볼 수 있도록 단원별 정리와 간단한 철학 지도를 덧붙였습니다.

아무쪼록 이 조그만 책에 쏟은 정성과 노력이 독자들에게 전해져서 "카리스마에 그렇게 깊은 뜻이?"라는 생각이 든다면 더할 나위 없이 좋겠습니다.

2006년 여름

충청도 산골 집필실에서

오채환

CONTENTS

 친구들, 안녕?

 먼저 내 소개를 해야겠지? 나는 서울중학교 2학년 이동현이라고 해. 나는 할아버지, 할머니, 아버지, 어머니, 여동생 수현이와 살고 있어. 우리 가족은 나를 포함하여 총 여섯 명이지. 여섯 명이 많다고? 무슨 소리! 내가 아주 어렸을 때는 우리 가족이 총 여덟 명이었는걸? 돌아가신 증조할아버지, 증조할머니까지 말이야.

 나는 사실 우리나라 저 밑에 있는 남쪽 지방에서 태어났어. 초등학교 4학년 때까지 그곳에서 살았는데 할아버지의 명령에 따라 5학년 때부터는 이곳 서울에서 학교를 다니게 되었지.

 적어도 우리 집에서는 할아버지 말씀이 곧 법이거든. 내게는 무섭기만 하신 부모님도 할아버지, 할머니 말씀에는 꼼짝도 못하시니 말이야. 무슨 말인지 이해를 못하겠다고? 그러니까 그게 말이지……, 이런! 내가 또 본론을 깜빡하고 다른 길로 샐 뻔했네. 자자, 본론으로 돌아가서!

내가 이렇게 너희들을 모아 놓고 이야기를 하려는 이유는 말이지, 바로 나의 특별하고도 험난하면서 황당하고도 스펙터클한! 서울 생활 이야기를 들려주기 위해서야.

아까도 말했듯이 나는 초등학교 5학년 때 처음으로 서울이라는 곳을 와 보았어. 그리고 어느 초등학교로 전학을 갔는데, 거기서 아주 특별한 친구들을 만나게 되었지. 전에 다니던 학교는 학생 수도 얼마 안 되는 데다가 그나마 그 친구들도 전부 아주 아기 때부터 함께 자란 친구들이어서 새 학년이 되어도 특별히 새로울 것이 없었는데, 웬걸! 내가 전학 간 학교에서는 아주 희한한 사건들이 나를 기다리고 있었어. 그게 뭐냐고? 그러니까 그게 말이지……, 헉헉! 말을 너무 많이 했더니 목이 말라서 안 되겠어. 잠깐만 기다려 봐.

내가 이제부터 차근차근 이야기해 줄게.

새 학교, 새 학년

 두 번 읽을 가치가 없는 책은 한 번도 읽을 가치가 없다.

−막스 베버

1 새 학년 준비로 바쁜 하루

2003년 3월 1일, 유관순 누나가 우리나라를 위해 태극기를 휘날리며 '대한 독립 만세'를 외쳤다던 바로 그 유명한 삼일절이었지.

아침부터 우리 가족은 분주했어. 그날은 삼일절이기도 했지만 봄방학의 마지막 날이기도 했으니까. 더군다나 나와 수현이는 서울에서의 첫 학교생활을 앞둔 만큼 더욱 마음이 두근거렸지.

"자자자, 해가 중천에 떴다. 아비야, 어미야, 동현아, 수현아, 어서 일어나라. 어서!"

늘 직장 생활로 바쁘신 부모님께 있어서는 오랜만에 맞이하는 휴일이었지만, 할아버지의 기상 명령에 맞춰 우리 가족 모두는 새벽부터 일어나 분주하게 움직일 수밖에 없었어.

"먼저 태극기 달고!"

"네에!"

역시 할아버지의 명령에 따라 제일 먼저 태극기를 달았지.

"자, 이제 모두 목욕탕에 갈 준비를 하렴."

"네!"

겨우내 묵은 때를 벗기는 마음으로 가족 모두 대중목욕탕에도 다녀왔어.

"동현이와 수현이는 어미를 돕고, 아비는 나랑 마당 청소 좀 하자꾸나."

"네!"

엄마를 도와 집 안 대청소를 하면서 이불과 커튼 빨래까지 하는데…… 휴우, 여섯 명이 사는 집을 청소하기란 쉬운 일이 아니더라고.

그렇게 우리 가족은 할아버지의 명령에 따라 집안일을 마치고 대형 마트로 향했어. 나와 수현이의 학용품을 사기 위해서 말이야. 다른 친구들도 새 학년에 올라갈 준비를 하느라 분주했겠지만 나와 수현이는 새 학년 맞이와 동시에 난생 처음 해 보는 전학도 준비해야 했으니 더욱 분주했지.

"너희들, 특히 수현이! 마트 가서 아무거나 사 달라고 조르면 혼난다. 이 아빠한테 혼나는 것보다 할아버지한테 더 혼쭐이 날 거야. 알겠지?"

아빠는 아예 처음부터 으름장을 놓으셨어.

"네……."

수현이는 '할아버지'라는 말에 기가 죽어서 대답했어.

"호호호, 당신도 참. 애들이 뭐 매일 떼만 쓰는 애들인가요? 수현아, 괜찮아. 꼭 필요한 물건만 잘 고르면 할아버지, 할머니께서도 아무 말씀 안 하실 거야."

"헤헤, 정말이죠? 참! 그리고 저 3학년 되면 책가방 사 주신다고 약속했던 거 기억하시죠?"

수현이는 금세 기분이 좋아져서 물었어.

"엄마, 수현이는요, 피카추 그림이 그려져 있는 가방을 사고 싶어요."

"허허, 우리 수현이가 아주 신이 났구나? 오냐, 그 피, 피카……
암튼 그건 이 할아비가 사 주마."

앞에 가시던 할아버지께서 말씀하셨어.

"우와! 신난다!"

우리 가족은 모두 즐거운 마음으로 마트에 도착했어.

그런데! 아니나 다를까. 이수현의 생떼가 또 시작되었지 뭐야.

"이수현! 이게 너한테 왜 필요한데? 필통은 연필하고 지우개 넣
고 다니라고 있는 거야! 너 입학할 때 엄마가 천으로 만들어 준
것도 아직 멀쩡하잖아."

엄마는 수현이를 야단치셨어. 수현이가 게임 기능이 달린 필통
을 사 달라고 조르기 시작했거든.

"서울 사는 친구들은 분명 이런 거 다 가지고 있을 거야! 천으로
만든 필통 갖고 다니는 애는 나밖에 없을 거야. 엉엉!"

"이수현, 너 자꾸 이러면 할아버지한테 이른다?"

"엄마는 만날 할아버지한테 이른다고만 해. 엉엉!"

역시 못 말리는 생떼쟁이 이수현이란 말이야.

"어미야, 무슨 일이누?"

동화책 코너를 살펴보시던 할아버지께서 물으셨어.

"이수현, 너 이제 죽었다."

"오빠도 미워!"

내가 놀리는 소리에 수현이는 입술을 삐죽하면서도 할아버지가 다가오시자 눈물을 뚝 그쳤어.

"수현이가 무슨 일로 이리도 서럽게 울고 있누? 어미야, 무슨 일이냐?"

"아니에요, 아버님. 얘가 또 생떼를 부려서요."

"할아버지! 수현이가요, 필통 사고 싶다고 졸랐어요."

내가 얼른 일러바쳤지.

"어디 보자. 필통이 뭐 이렇게 요란하게 생겼누."

"할아버지, 서울 친구들은 다 이런 거 쓴대요. 저도 이거 갖고 싶어요."

수현이는 할아버지께도 조르기 시작했어.

"음……. 어미야, 이것도 장바구니에 넣어라. 참, 동현이 것도 챙기고."

"네, 하여튼 김수현 너어……."

엄마는 수현이에게 눈을 흘기시면서도 할아버지 말씀에 따랐어.

"우와! 할아버지 정말이에요?"

수현이가 눈물을 닦으며 물었어.

"그럼 정말이고말고. 할아비 성화에 낯선 서울까지 온 너희한테 이 할아비가 이깟 필통 하나 못 사 주겠니. 할아비가 그렇게 매정한 사람으로 보였누? 하하, 대신 이 할아비가 선생님한테 꼭 물어볼 테야. 수업 시간에 이 필통 갖고 딴 짓을 하는지 안 하는지 말이다. 알겠지?"

"네에! 수업 시간에는 공부만 열심히 할게요. 고맙습니다, 할아버지."

"여보, 들었죠? 우리 수현이가 공부를 하겠대요."

"이런, 해가 서쪽에서 뜰 소리구먼."

"아빠 엄마는 왜 제 말을 못 믿으시는 거예요?"

수현이가 입을 샐쭉거렸어.

"호호호, 이 할미는 우리 수현이를 믿는다. 어디 한번 두고 보자꾸나."

"하하하!"

수현이가 공부한다는 소리에 우리 가족은 웃음바다가 되어 버렸어. 세상에서 공부를 제일 싫어하는 이수현이 공부를 한다니, 킥킥. 어쨌든 나는 이수현의 생떼 덕택에 멋진 필통을 사게 되어서 기분이 좋았어.

이렇게 우리 부모님은 한 번도 할아버지, 할머니의 말씀을 거역한 적이 없으셨지. 우리 가족은 사소한 결정에서부터 아주 큰 결정까지 모든 것을 할아버지 뜻에 따르곤 했어. 우리가 서울로 이사를 오게 된 것도 할아버지 때문이었지.

몇 달 전이었어.

어느 날, 할아버지는 온 가족이 모인 자리에서 말씀하셨어.

"에헴, 내가 곰곰이 생각해 봤는데 말이지. 이쯤에서 이 마을을 떠나는 게 좋을 듯싶구나."

"네에?"

우리 모두는 눈이 휘둥그레졌지. 아버지는 그곳에서 태어나 그곳에서 자라셨기 때문에 다른 곳에 가서 산다는 것은 생각해 본 적이 없다고 하셨어.

"이제 동현이도 얼마 안 있으면 중학교에 갈 텐데 우리 모두가 알다시피 이곳에는 중학교가 없잖니. 수현이도 매일 피아노 학원에 다니고 싶다고 노래를 부르는데 매일 한 시간 넘게 걸려서 가야 하는 학원에 보낼 수도 없고."

할아버지는 나와 수현이를 위해 서울로 이사해야겠다고 말씀하셨어.

"나라고 이곳을 떠나는 것이 즐겁기만 하겠냐. 하지만 우리야 어차피 다 늙은 노인네들이니, 동현이와 수현이의 장래를 위해 그렇게 하는 것이 좋을 것 같구나. 아비, 어미는 어떠냐?"

"아버님 뜻이 그러시다면 그렇게 해야지요."

그렇게 해서 우리는 난생 처음 서울이라는 곳에 발을 딛게 된 거야.

2 호랑이 선생님

"어머! 선생님, 안녕하세요."

"예, 그런데 저, 누구……?"

"선생님! 저 동현이 엄마예요. 재작년에 3학년 2반이었던 이동현이요."

"아, 동현이 어머니. 그간 안녕하셨어요?"

"네, 선생님 덕분에요. 서울에 있는 학교로 옮기셨다는 이야기는 들었는데 이렇게 만나 뵐 줄은 몰랐네요."

"집이 이 근처라서 잠깐 나왔어요. 그런데 동현이 어머님은 서울에 웬일로⋯⋯."

"저희 가족도 서울로 이사를 왔어요. 애들 학교 문제도 있고 해서."

"아, 그러셨군요. 아이들이랑 같이 나오셨어요?"

"네, 애들이 어디 갔지? 동현아, 수현아, 선생님께 인사드려야지!"

엄마는 마트에 있는 장난감에 눈이 팔려서 정신없이 놀고 있는 나와 수현이를 부르셨어.

"오빠! 엄마가 부르신다."

"네, 엄마. 저 여기 있어요!"

나는 대답하며 엄마 쪽을 쳐다봤지. 헉! 그런데 이게 웬일이야? 호랑이 선생님 아니야? 나는 깜짝 놀라고 말았어.

"어? 오빠! 저기 엄마랑 같이 계신 분 말이야. 오빠 3학년 때 담임선생님 같은데? 오빠, 말 좀 해 봐."

넋 놓고 서 있는 내게 수현이가 물었어.

"어, 맞아. 호랑이 선생님."

"호랑이? 하하하, 저 선생님이 왜 호랑이야?"

수현이의 물음에 대답하려는데 엄마가 부르시는 거야.

"이동현! 어서 와서 선생님께 인사드려야지."

그 바람에 나는 어쩔 수 없이 뛰어갔지.

"동현이 많이 컸구나. 그사이 선생님 얼굴을 잊은 건 아니지?"

"아, 네. 아, 아니요. 안, 안녕하세요."

"애가 왜 이렇게 정신을 못 차리고 말을 더듬어. 애가 오래간만에 선생님을 뵈니까 반가워서 이러나 봐요, 호호호."

"저, 그럼 동현 어머님. 저는 이만 가 보겠습니다. 저희 식구들이 위층에서 기다리고 있어서요."

"선생님, 그럼 같이 식사라도……."

"아닙니다, 어머님. 애들 개학 준비로 바쁘실 텐데 다음에 또 뵙지요."

"네, 선생님. 동현아, 인사드려야지."

"안, 안녕하세요. 아니, 안녕히 가세요."

"이 녀석 복잡한 서울에서 며칠 지내더니 아직 정신없는가 보구나?"

"호호호, 이제 잘 적응할 일만 남았지요 뭐."

"그럼 어머님, 저는 이만."

"네, 선생님. 다음에 또 봬요."

"휴우."

선생님의 모습이 보이지 않자 나는 그제서야 한숨을 돌렸어.

"참! 너희들 장난감 코너에서 놀고 있을래? 엄마는 할아버지, 할머니랑 장 좀 보게. 저녁엔 뭘 해 먹나……."

"네, 엄마."

엄마는 그렇게 나와 수현이를 장난감 코너에 두시고 지하 식료품 코너로 가셨어.

"오빠 왜 그래? 진짜 호랑이라도 만난 것처럼……. 히히!"

"김수현, 너 아까 그 선생님이 얼마나 유명한지 모르지?"

"나야 모르지. 오빠가 3학년 때 나는 1학년이었는걸? 근데 왜 그 선생님이 유명하신데?"

"말했잖아. '호랑이' 라고!"

"그렇게 무서워?"

"말도 마, 말도 마. 우리 3학년 전체를 통틀어서 1년 동안 저 선생님한테 야단 안 맞아 본 애들이 없을 정도였어."

"우와, 정말?"

"그래! 시험 전날에는 수업을 마치고 곧장 집에 보내 준 적이 없다니까. 꼭꼭 한 시간 동안 보충수업해야 하고, 전 시험 때보다 성적이 떨어지면 남아서 청소해야 하고, 가정 통신문에 부모님 도장 늦게 받아 오면 체육 시간에 운동장 뛰는 건 기본이고……."

"근데 아까 보니까 그렇게 무서워 보이지는 않던데……."

"그러게. 하지만 아무튼 학교 안에서는 호랑이 선생님으로 통했어!"

"근데 왜 오빠네 반은 항상 꼴찌였어? 킥킥."

수현이는 놀리듯 물었어.

"나도 그게 궁금하긴 해. 5학년 선생님들 중에서 우리 반 선생님이 제일 무섭고 공부도 많이 시키셨는데 그렇다고 우리 반이 다른 반에 비해 모범적이거나 공부를 잘한 것은 아니었거든. 선생님이 무서운 거랑 훌륭한 반을 만드는 거랑은 별로 상관이 없나 봐."

"에이, 그런 게 어디 있어? 선생님이 무섭게 하시면 당연히 훌륭한 반이 되는 거지."

"그런가? 그러고 보니 나도 이상하긴 하네."

나는 수현이와 웃으며 이야기를 하는 동안에도 호랑이 선생님에 대한 기억들 때문에 가슴이 두근거렸어.

"오빠, 내일 만나게 될 새로운 담임선생님은 어떤 분이실까? 얼마 전에 엄마랑 같이 전학 서류를 내러 간 적이 있어서 학교는 별로 궁금하지 않은데, 담임선생님은 어떤 분이 되실지 참 궁금해. 히히!"

"몰라, 몰라. 나는 아무튼 호랑이 같은 선생님만 안 만났으면 좋겠어."

"그럼……, 양 같은 선생님?"

"글쎄, 그럼 또 반 분위기가 엉망이 되지 않을까?"

"에이, 오빠는 그럼 대체 어떤 선생님이 좋다는 거야? 호랑이 같은 선생님은 무서워서 싫고, 양 같은 선생님은 반 분위기가 엉망이 되어서 싫고……. 그런 게 어디 있냐? 오빠, 바보!"

"이게! 그러니까 나는 말이지. 음, 나는……. 진짜 잘 모르겠다. 헤헤, 과연 어떤 선생님이 훌륭한 선생님일까."

수현이와 나는 아무런 결론도 못 내리고 머리만 긁적였어.

그때 마침 엄마가 우리를 부르셨어.

"동현아, 수현아, 이제 집에 가야지."

"네."

결국 수현이와 나는 내일 만나게 될 새로운 선생님과 새로운 친구들에 대한 궁금한 마음을 안고 집으로 향했어.

3 새 학교에 가는 날

"동현아, 그거 입지 말고 다른 거 입어. 그건 어제 입었던 옷이
잖니."

"엄마도 참, 뭐 어때요? 이것도 깨끗해요."

"그래도 새 학년이 되는 날이고, 더군다나 새로운 학교로 처음
가는 날인데 깨끗하게 하고 가야지. 어디 보자. 이게 좋겠구나."

드디어 학교에 가는 날! 엄마는 나와 수현이의 등교 준비를 해
주시느라 분주하셨어.

"수현이도 이리 와 봐. 엄마가 머리 묶어 줄게. 학생은 머리나 옷 매무새가 단정해야 하는 법이야."

엄마는 내 옷을 챙겨 주신 후 수현이의 머리를 빗겨 주셨지.

"아아, 엄마 살살."

역시 엄살쟁이 이수현이야.

"어디서 이렇게 엄살 피우는 소리가 나나 했더니 역시 우리 수현 이구나?"

"할아버지! 엄살 아니에요. 엄마아, 아파요!"

"어미야, 더 꽉꽉 묶어 줘라, 허허허."

우리가 학교에 가는데 어른들이 더욱 들뜨신 거 같지? 히히.

"여보, 준비 다 하셨어요?"

"응, 다 했지. 동현이, 수현이, 나오너라."

"네!"

아빠가 부르는 소리에 우리는 현관으로 달려 나갔어. 엄마는 항상 우리가 아빠 차를 타고 학교에 가는 것을 싫어하셨어. 가까운 거리를 차 타고 다니는 것은 건강에 좋지 않고, 학생이 매번 차를 타고 등교하는 것은 보기에도 좋지 않다고 말이야. 하지만 엄마도 오늘만큼은 특별히 허락해 주시겠다고 어젯밤에 약속하셨어. 수현이가 엊저녁에 또 떼를 썼거든. 아마 낯선 학교에 나와 단둘이 가려니 두려웠나 봐.

"오늘은 아비가 차로 태워다 주는 게냐?"

현관까지 나오신 할아버지께서 엄마에게 물으셨어.

"네, 아버님. 엊그제 온 눈 때문에 길도 많이 얼어 있고 새 학기가 시작되는 첫날이기도 하니 특별히 오늘 하루만 아비 차로 등교시키기로 했어요."

"그래. 아무쪼록 좋은 선생님, 좋은 동무들 만나서 별 탈 없이 잘 적응해야 할 텐데 말이다."

"잘할 거예요. 걱정 마세요."

서울로 학교를 옮긴 것은 할아버지 뜻이었지만 할아버지도 정작 우리를 낯선 학교에 보내시려니 조금은 걱정스러우셨나 봐.

"할아버지! 할머니! 엄마! 다녀오겠습니다!"

나는 일부러 더욱 씩씩하게 인사를 드리고 차에 탔지. 골목에는 책가방을 멘 아이들이 많이 보였어. 아마도 나와 같은 학교에 가고 있겠지? 얼마 가지 않아 서울초등학교 교문이 보이기 시작했어.

"자, 이쯤에서 내려서 걸어가는 게 어떨까?"

아빠가 물으셨어.

"네, 그럴게요. 아빠도 안
녕히 다녀오세요."

"다녀오겠습니다."

나와 수현이는 아빠께 인사를 드
리고 학교에 들어섰지.

"오빠, 우리 교실은 여기야. 나 먼저 들
어갈게."

"그래, 이따 끝나거든 저기 현관에서 만나."

"나 혼자 갈 수 있는데?"

"할머니께서 꼭 널 잘 데리고 오라고 하셨단 말이
야. 끝나고 저기 현관에서 만나."

"응, 알겠어."

나는 수현이네 교실보다 한 층 위에 있는 5학년 2반 교실
에 들어갔어. 아이들은 어색한 분위기 속에서 끼리끼리 어울려 놀
뿐 새로운 아이가 전학을 왔는지 따위에는 별로 관심이 없는 모양

이었어. 모여 있는 아이들끼리 외에는 서로 잘 알지도 못하는 것 같았고. 아마도 내가 전에 다니던 학교보다 학급 수도 훨씬 많고 학급당 인원도 많아서 그런 것 같았어. 예전에 내가 다니던 학교는 학생 수가 적어서 새로운 학년이 되어도 반 친구들은 거의 그대로였는데 말이야.

그렇게 내가 쭈뼛쭈뼛 주위를 둘러보고 있을 때 앞문에서 "으흠!" 하는 소리와 함께 새로운 담임선생님이 등장하셨지.

"자자, 이제 조용히들 하고."

어수선하던 교실 분위기는 순식간에 정리되었고 선생님은 자기소개를 하셨어.

"다들 눈치 챘겠지만 나는 앞으로 너희들을 1년 동안 가르치게 될, 5학년 2반 담임이고……."

선생님 말씀이 끝나기도 전에 반 아이들은 숙덕거리기 시작했어.

"어머머, 저 선생님 내가 아는데 무섭기로 유명해."

"내가 들은 바로는 저 선생님 무지 인자하시다던데?"

아이들의 평가는 각기 달랐고, 나는 어떤 말을 믿어야 할지 몰라서 그냥 조용히 선생님의 다음 말씀만 기다리고 있었지.

"어허! 거기 조용히들 하고, 선생님 이름은……."

그리고 선생님은 몸을 돌려 칠판에 '김성주'라는 세 글자를 쓰셨지.

"자, 나에 대해서는 여러분이 차차 알아 가면 될 테고, 어디 보자…… 어, 저기 저 학생인가 보군."

선생님은 나를 쳐다보며 말씀하셨어.

"새 학년을 맞이하여 우리 학교에 새로 전학을 온 친구가 있습니다. 자, 이동현 앞으로 나와 보도록."

나는 깜짝 놀라며 쭈뼛쭈뼛 앞으로 나갔지.

"새 학년이 되어 반이 마구 섞여서 전학생이 있는지도 몰랐겠지만, 여기 있는 이동현 학생은 저 멀리 남쪽 지방에서 살다가 오늘 우리 학교로 전학을 온 학생입니다."

선생님은 내 어깨에 손을 올리시고는 반 아이들에게 나를 소개해 주셨어.

"자, 그럼 이제 동현이가 직접 자기소개를 해 보는 게 어떨까?"

선생님은 내 얼굴을 바라보시며 말씀하셨고, 나는 눈이 휘둥그레졌지. 자기소개라니! 어차피 새 학년에 올라와 다들 반이 바뀌었기 때문에 아무도 내가 전학생인 것을 모르고 지나갈 줄 알았는데……. 나는 더듬더듬 입을 열었어.

"저, 저기…… 저는 이동현이라고 하고요. 음, 이 학교에 대해 모르는 게 많으니까 많이 도, 도……와 주세요. 여러분과 친해졌으면 좋겠어요."

사실 그때 내가 무슨 말을 했었는지 기억도 잘 안 나. 그 정도로 나는 많이 긴장했었어. 킥킥.

"자, 여러분 잘 들었지요? 동현이가 낯선 환경에서 잘 적응할 수 있도록 여러분이 많이 도와주세요."

"네에!"

반 아이들은 모두 웃으면서 대답해 주었고 나는 홍당무처럼 빨개진 얼굴로 다시 자리를 찾아가 앉았지.

"자, 새로 온 전학생도 있고 새 학기도 되었으니 선생님이 몇 가지 일러둘 것이 있어요. 여러분은 이제 몇 학년이지요?"

"5학년이요!"

선생님은 갑자기 당연한 걸 물으셨어.

"그럼 이제 여러분도 세상을 살아가면서 지켜야 할 규칙이라는 것에 대해 잘 알고 있을 거예요. 학교를 하나의 작은 세상이라고 본다면 학교 안에서도 지켜야 할 많은 규칙들이 있어요. 그것을 교칙이라고 하지요. 사실 자세하게 말하자면 끝도 없지만 선생님은 가장 중요한 것 몇 가지만 설명해 주겠어요."

사실 나는 전에도 교칙이라는 게 있다는 것은 알고 있었지만 그것에 대해 구체적으로 설명을 들어 본 적은 없었어. 그래서 나는 선생님 말씀에 귀를 기울였지.

4 교칙을 설명해 주시는 선생님

"여러분, 우리 학교는 매주 토요일에 수업을 하지 않아요. 격주로 토요일에도 수업하는 학교들이 있지만 우리 학교는 시범학교라서 매주 5일 동안만 등교를 합니다. 다만 쉬는 날에는 어떤 활동을 했는지 체험 학습지를 작성해야 해요. 학교에 오는 날은 매일 아침 8시 30분까지 교실에 앉아 있어야 하고요. 물론 그것을 지키지 않았을 경우 선생님은 여러분에게 벌을 주겠지요? 그리고 요새 날씨가 춥다 보니 주머니에 손을 넣고 다니는 학생이 많다고 교장 선생님께서 말씀하셨는데요, 주머니에 손을 넣고 걷는 것은 위험해요. 또 어른들 앞에서 주머니에 손을 넣고 인사를 하거나 이야기를 하는 것은 큰 실례입니다. 알겠죠? 다음에 교장 선생님이나 선생님에게 또 그런 모습을 보여서 야단맞는 일이 없도록 하세요. 또……."

선생님은 우리가 학교에 다니면서 조심해야 할 것들과 그것을 지키지 않아 다른 친구들에게 피해를 주었을 때 어떤 벌을 받게 되는지에 대해 설명해 주셨어. 처음에는 지켜야 할 것이 너무 많다는 생각에 답답하기도 했지.

"나머지는 여러분과 생활하면서 차차 일러 주도록 할게요. 지킬 것이 너무 많아서 답답한가요?"

"……."

아이들은 모두 기가 죽었는지 아무 대답도 하지 않았어.

"하지만 여러분, 지금부터 이런 것들을 잘 지킬 줄 알아야 나중에 커서도 사회생활을 잘하는 사람이 될 수 있어요. 선생님 말이 무슨 뜻인지 알겠지요? 사실 선생님이 말해 준 것들은 대부분 여러분이 지금도 자연스럽게 실천하고 있는 것들이에요. 그리고 여러분이 그것들만 잘 지켜 준다면 선생님도 더 이상 여러분에게 이

런 설명을 하지 않아도 될 테고요."

"네."

"자, 선생님 설명은 여기까지! 질문 있는 사람?"

"반장 선거는 언제 해요?"

똘똘해 보이는 여자 아이가 손을 번쩍 들고 물었어.

"참, 선생님이 중요한 걸 깜빡할 뻔했네. 지금부터 정확히 열흘 후에 반장 선거가 있을 거예요. 그러니까 다음 주 금요일이지? 우리 반 학생들 중 누구나 학급을 위해 봉사할 마음만 있다면 반장 후보가 될 수 있어요. 참! 안타깝게 동현이는 반장 후보가 될 수 없겠구나."

선생님은 나를 바라보시며 말씀하셨어. 물론 나는 반장 후보로 선거에 나갈 생각도 없었지만 왜 선생님께서 나만 안 된다고 하시는지 놀라기도 하고 궁금하기도 했어.

"교칙에 보면 전학을 온 학생은 그다음 학기부터 임원이 될 수 있다고 되어 있어요. 그러니 동현이는 반장이 되고 싶으면 다음 학기를 노려보도록 하고, 이번 학기에는 어떤 학생이 반장이 되면 좋을지 곰곰이 지켜봤다가 소중한 한 표를 행사하도록 하세요."

나는 놀랐던 가슴을 쓸어내리며 새로 알게 된 교칙에 대해 신기

해했지.

"자, 우리 학생들 모두 지금까지 반장 선거를 여러 번 해 봐서 잘 알고 있을 테니 설명은 이쯤에서 생략하도록 할게요. 그럼 한 학기 동안 우리 반을 대표할 반장과 부반장을 열흘 후에 뽑을 테니 모두 그렇게 알고 있도록 하세요. 참! 그 열흘 동안 임시로 우리 반 반장을 할 사람이 필요한데, 누가 맡으면 좋을까……."

"저요!"

갑자기 어떤 아이가 큰 소리로 외쳤어. '저요!' 하고 외친 그 아이에게 모두의 시선이 집중되었지. 반 아이들은 수군거리기 시작했어.

"쟤 새롬이잖아?"

"응, 쟤는 여태껏 반장 자리를 한 번도 놓친 적이 없어."

"쟤네 아빠가 뭐하시는 분이라더라. 그……."

"아? 무슨 장난감 회사 사장님이랬어."

"맞아, 맞아. 둘리장난감!"

"다들 조용히 하고! 너는 아까 반장 선거 날짜를 물어봤던 학생이구나? 이름이 뭐지?"

"김새롬입니다!"

새롬이라는 아이는 매우 또랑또랑한 목소리로 대답했어.

"그래, 새롬이가 반장 선거에 관심이 아주 많은 모양이구나. 그럼 우리 5학년 2반 임시 반장은 김새롬이 하도록 하겠습니다. 별다른 의견 없지요?"

"네."

그렇게 김새롬은 열흘간 우리 반의 임시 반장이 되었고, 우리 반은 별 탈 없이 새 학년 새 학기를 맞이하는 듯했지. 그런데…….

전통적 지배와 합리적 지배

동현이네 가족은 요즘 도시에서 보기 드문 대가족입니다. 아니, 농촌에서도 이제 대가족 형태는 보기 드물게 되었습니다. 도시에는 주로 젊은 부모와 한두 명의 자녀로 이루어진 핵가족이 많고, 농촌에는 대체로 연로하신 할아버지 세대만으로 구성된 핵가족이 많으니까요.

그런데 과거로 거슬러 올라갈수록 동현이네와 같이 삼대 이상이 함께 사는 대가족은 무척 많았습니다. 그때는 주로 사람들이 무리지어 살았고 그들을 이끄는 지배력이 오랜 경험과 전통을 이어받은 어른에게 주어진 소위 '가부장적 사회'였습니다. 조금 규모가 큰 가부장적인 형태가 가문 중심인 문벌의 지배 형태입니다. 그것은 동서양 모두에서 나타났습니다. 특히 서양에서는 가부장적 지배와 더불어 봉건적 지배 형태(신하와 군주 사이의 약속에 의한 주종 관계)도 발달했습니다. 베버는 이런 형태들을 묶어서 '전통적 지배'라고 분류하였습니다. 어른의 말씀을 무조건 신성시하는 태도는 전통적 지배 유형에서 비롯된 흔적입니다. 지금은 거의 찾아볼 수 없지만 신분의 세습도 전

통이 지배의 정당한 근거라고 믿었던 시대의 지배 유형에서 나타난 예입니다. 또한 법조문에 구체적으로 명시되지 않은 사건을 판결할 때 비슷한 판례에 따르는 것도 전통적 지배에서 비롯된 것이라 할 수 있습니다.

서양에서는 중세를 벗어나 근대에 들어서면서 사회의 지배 형태가 바뀌었습니다. 전통적 지배 대신 법에 따라 합법적으로 지배하는 '합리적(합법적) 지배' 형태가 등장하게 된 것입니다.

이렇게 전문화된 지배자 집단을 관료라고 부릅니다. 법과 제도적 절차에 따라 권한을 위임받은 관료의 판단과 지배에 따르는 합리적 지배 형태는 근대사회의 두드러진 특징입니다.

지배 형태가 바뀌는 과정에는 혼란이 따릅니다. 본문에서 동현이는 할아버지의 말씀에 무조건적으로 따르는 대가족의 구성원이었습니다. 그런 동현이가 전통적 지배 형태로 운영되던 시골에서 살다가 대도시에 와서 생소한 규칙의 합리적 지배 형태에 적응해 가는 과정은 혼란스러울 수밖에 없는 것이지요.

반장을 뽑아야 해

 전통이나 감정, 가치 지향적 합리성이 동기가 되는 행동을 중시하던
사회가 점차 목적 지향적 합리성이 지배하는 사회로 바뀌어 가고 있다.

　　　　　　　　　　　　　　　　　　　　　　　　　　　　　　−막스 베버

1 새로운 친구, 민수

선생님은 키 순서대로 책걸상 자리를 배정해 주셨고, 키가 작은 나는 앞에서 두 번째 줄에 앉게 되었어.

첫 수업을 하는 날 아침이었지.

"안녕!"

"헉! 깜짝이야."

내 앞에 앉은 남자 아이가 갑자기 뒤를 돌아보며 내게 인사를 하는 바람에 나는 깜짝 놀라고 말았어.

"난 김민수야."

민수라는 아이는 활짝 웃으며 인사를 했어.

"응, 나는 이동현이야."

"너 말이야. 혹시 밤나무골이라고 아니?"

"어? 네가 거길 어떻게……."

밤나무골은 내가 예전에 살던 동네 바로 옆에 있던 마을 이름인데, 나는 김민수라는 아이가 밤나무골을 어떻게 알고 있는지 궁금했어.

"여기 말이야."

김민수라는 아이는 내 국어책 앞면을 가리키며 말했어. 국어책은 내가 4학년을 마치면서 전에 다니던 학교에서 받아 온 것이었어. 그땐 나와 수현이의 전학 이야기가 나오기 전이어서 나는 책을 받자마자 책 앞에 학교 이름을 크게 써 놨었지.

"이거? 내가 전에 다니던 학교 이름인데……."

내가 말하자 민수도 알고 있다는 듯 고개를 끄덕였어.

"응, 밤나무골 옆에 있는 솔향리에 있는 학교지?"

"어! 맞아! 내가 서울로 이사 오기 전 살았던 동네가 솔향리야!"

나는 내가 살던 마을의 이름이 민수의 입에서 나오자 깜짝 놀랐지.

"나도 초등학교 3학년 때까지 밤나무골에 살았었어."

"그렇구나! 그런데 왜 서울로 왔어?"

"응, 우리 엄마가 많이 편찮으시거든. 서울에서 큰 병원을 찾느라고……."

뜻밖의 말에 나는 어쩔 줄을 몰랐어.

"어? 어, 그렇구나. 미안해. 난 그런 줄도 모르고……."

"괜찮아, 금방 나으실 테니까. 참! 너 솔향리에 살았으면 그 옆으로 난 개천에서도 많이 놀았겠다."

"맞아, 맞아! 매 여름마다 거기서 살았지 뭐, 킥킥."

"서울에는 그런 곳이 없어서 참 아쉬워."

나와 민수는 그렇게 친구가 되었어. 민수는 매우 밝은 아이였어. 엄마도 많이 편찮으시고 집안 형편도 어려웠지만 늘 웃음을 잃지 않았지.

"자자, 친구들!"

다음 날 아침 민수와 한참 이야기를 하고 있는데 새롬이가 교탁에 서서 아이들을 조용히 시켰어.

"선생님께서 급한 일이 생기셔서 오늘 조금 늦으신대. 그러니까 조용히 자습해."

"선생님이 무슨 일이시지?"

민수가 내게 물었어.

"글쎄."

"참, 그나저나 너 쟤 모르지?"

"누구? 임시 반장?"

"응, 김새롬. 쟤도 이번 반장 선거에 나갈 거라고 하더라?"

"그래? 그런데 쟤도, 라니? 김새롬 말고 또 반장 선거에 나간다
는 사람이 있다는 거야?"

"아, 아니. 꼭 나간다는 건 아니고……."

민수는 갑자기 얼굴이 시뻘개져서는 말을 더듬기 시작했어.

"아! 민수 너도 반장 선거에 나갈 마음이 있는 거구나? 그
렇지?"

"아, 아니야. 나 같은 애가 반장은 무슨……. 그런데 동현아, 반
장 후보는 아무나 할 수 있는 거야? 공부를 잘 못해도?"

"하하하! 그럼, 당연하지! 민수야, 내가 팍팍 밀어 줄게. 하하!"

"아이참, 쑥스럽게."

민수는 머리를 긁적이며 배시시 웃었어.

2 이상한 초대장

다음 날 아침, 학교에 가 보니 많은 아이들이 새롬이의 자리에 몰려 있었어.

"새롬아, 어제 네가 준 장난감 말이야. 집에 가서 작동시켜 보니까 더 멋지더라. 너무 근사해!"

"인형도 너무 예뻐. 어제 꼭 끌어안고 잤어."

아이들은 하나같이 장난감에 대한 이야기를 하고 있었어.

"그랬니? 우리 집에는 그런 장난감이 넘치거든. 필요한 거 있으면 언제든지 말해. 내가 모두 가져다줄 수 있어."

새롬이가 말했어.

"동현아, 무슨 일이야? 웬 장난감?"

그 광경을 지켜보던 민수가 물었지.

"그러게 말이야. 왜 하루아침에 교실 분위기가 이렇게 달라진 거야? 새롬이가 갑자기 스타라도 된 것 같은데. 무슨 일이지?"

"너희도 이거 받아."

고개를 갸우뚱하고 있는 우리에게 누군가가 손을 내밀었어. 고개를 들어 보니 바로 새롬이 아니겠어?

"이게 뭐야?"

새롬이가 내민 엽서를 보며 내가 물었지. 엽서 앞면에는 '초대장'이라는 글씨가 쓰여 있었어.

"보면 모르니? 초대장이잖아. 오늘 수업 마치고 우리 집으로 초대할게."

"어? 너 생일이구나? 그럼 선물도 사야겠다!"

민수가 해맑게 웃으며 물었어.

"아니, 생일 아니니까 선물 없이 와도 돼. 그냥 초대하는 거야."

새롬이는 초대장을 우리에게 건네주고 자리로 돌아갔어.

"민수야, 원래 서울에서는 평상시에도 초대장을 주면서 친구들을 초대하고 그래?"

"어? 글쎄……, 나도 이런 건 처음 받아 봐서……."

"나 예전에 살던 곳에서는 생일날이 돼도 이런 건 안 줬는데……."

"맞아, 맞아. 그냥 쳐들어가면 되는 거지, 뭐! 킥킥."

"아무튼 이따가 수업 끝나고 같이 가자."

"그럼! 그래야지! 친구가 초대를 했는데! 새롬이는 초대장까지 만들어서 우릴 초대해 줬으니까 우리도 문방구에 가서 연필 한 자루라도 사 가야겠지?"

"응! 그러자. 어디 보자. 나 700원 있다!"

내가 주머니에서 백 원짜리 여섯 개를 꺼내며 말했어.

"어쩌지? 나는 이것밖에 없는데……."

한참 주머니를 뒤적거리던 민수는 십 원짜리 몇 개를 꺼내 놓으며 쑥스러운 표정을 지었어.

"괜찮아, 괜찮아. 이거면 연필 한 자루랑 지우개 하나는 살 수 있을 거야."

"헤헤, 그래!"

민수는 뒷머리를 긁적이며 웃었어.

우리는 수업을 마치고 문방구에 들러 연필과 지우개를 사서 예쁘게 포장했지. 그리고는 초대장에 그려진 약도대로 새롬이네 집을 찾아갔어.

"우와! 집 정말 좋다. 그렇지, 동현아?"

새롬이네 집은 마당도 넓고 겉보기에도 매우 좋아 보였어.

멍멍! 멍멍!

"엄마야! 깜짝이야. 저기 새까만 개들 좀 봐 봐. 으, 무섭다!"

"겁쟁이 김민수!"

"아니야! 그냥 놀랐을 뿐이야. 이게 초인종인가 보다. 누른다?"

내가 놀리는 게 부끄러웠는지 민수는 얼른 화제를 바꾸고 초인종을 눌렀어.

"누구세요?"

초인종 저편에서 아주머니의 목소리가 들려왔어. 아마도 새롬이의 어머니인 듯했어.

"저, 안녕하세요. 저희는 새롬이 반 친구들인데요. 새롬이가 초대해서……"

"아! 그래, 어서 오렴!"

삐익!

"깜짝이야."

자동으로 대문이 열리는 소리에 나는 깜짝 놀랐지 뭐야.

"우와!"

우리는 마당에 갖가지 모양으로 꾸며져 있는 나무들과 꽃을 보면서 감탄했지. 현관에 들어서자 집 안에는 민수와 나 외에도 많은 친구들이 와 있었어.

"어서 오렴."

"어서 와."

새롬이 어머니와 새롬이는 우리를 반갑게 맞아 주었어.

"새롬아, 이제 친구들 다 온 거니?"

"네."

"그럼 어서 식당으로 가렴. 밥 먹어야지."

식당으로 가니 이미 상이 차려져 있었어. 그런데 음식 종류가 한 열 개쯤? 아니, 스무 개쯤? 아무튼 종류별로 엄청 많은 음식이 우릴 기다리고 있었어.

"잘 먹겠습니다!"

우걱우걱, 냠냠, 쩝쩝.

우리는 모두 맛있게 음식을 먹었지.

"다 먹었으면 내 방에 가 볼래?"

"그래!"

우리는 2층에 있는 새롬이의 방에 가서 놀기로 했어. 새롬이의 방에는 장난감이 엄청나게 많았어. 장난감에, 인형에, 학용품에……, 며칠 전 대형 마트에서 나와 수현이의 정신을 홀리게 했던 어마어마한 장난감들이 여기에 다 와 있는 것만 같았어.

옆에 있던 민수는 손에 들고 있던 연필과 지우개를 만지작거리며 어쩔 줄을 몰라했어. 우리의 선물이 너무 초라해 보여서 선뜻 건네주지 못하고 있는 것 같았어. 그래서 얼른 내가 선물을 낚아채서 새롬이에게 내밀었지.

"저기 새롬아, 이거 나랑 민수가 준비한 거야. 그냥, 뭐, 초대해 줘서 고맙다고……."

이런, 나도 모르게 말을 더듬은 거 있지. 나도 쑥스러웠나 봐. 히히.

"그래? 고마워."

새롬이는 우리가 준 선물을 책상에 올려놓았어. 그 자리에서 바로 풀어 보지 않아서 약간 서운하긴 했지만 그래도 망설인 끝에

선물을 건네주고 나니
마음이 한결 가벼웠어.
　"우와! 이거 너무 멋지다.
나 이 로봇 정말 갖고 싶었는데!"
　저쪽에서 로봇을 만지작거리던
한 친구가 말했어.
　"그래? 그럼 그거 너 가져."
　"우와! 정말? 정말? 신난다!"
그 친구는 로봇을 손에 쥐고 매우 기뻐했어.
　"그럼 새롬아, 나는 이거 갖고 싶은데……."
한 여자 아이가 큰 곰 인형을 가리키며 말했어.
　"그럼 가져가. 나는 그런 거 많아."
새롬이는 그 곰 인형도 선뜻 내주었어.
　"너희가 가져가고 싶은 장난감은 모두 가져가도 좋아. 전부
새 것들이니까 마음에 드는 건 아무거나 가져가."

새롬이는 친구들에게 아예 아무거나 가져가라고까지 말했어. 나와 민수는 어찌할 바를 몰라 망설이고 있었지.

"너희는 이거 가져. 이거 무지 좋은 거야."

새롬이는 우리에게 게임기 두 개를 내밀며 말했어.

"아, 아니…… 우리는……."

우리는 게임기를 선뜻 받지 못하고 주저했어.

"너희 모르니? 우리 아빠가 장난감 회사를 운영하시잖아. 나한텐 이런 거 얼마든지 있다고! 그러니까 이건 너희 가져."

"응, 그래. 고…… 고맙다."

나와 민수는 어색하게 장난감을 받아 들었어.

"동현아, 우리 이런 거 받아도 되냐?"

"응? 음…… 그래, 뭐 어때. 친구가 주는 건데……."

나는 떨떠름한 표정을 지우고 애써 웃으며 대답했어.

"아니 그래도……, 밥도 너무 맛있게 잘 먹었는데 이런 것까지 받으려니 새롬이한테 미안하잖아. 우리는 달랑 연필 한 자루랑 지우개 하나밖에 선물해 주지 못했는데……."

착한 민수는 그게 내내 마음에 걸렸나 봐.

"야, 선물에는 정성이 중요한 거야! 우리는 엄연히 전 재산을 털

어서 선물을 사 온 거라고!"

"아, 맞다. 전 재산! 킥킥! 근데 이 게임기 진짜 좋다, 헤헤!"

민수는 금세 표정이 밝아지며 게임기를 만지작거렸어.

"너희 모두 갖고 싶은 장난감 다 집었어?"

"근데 새롬아, 나는 이 인형이 좋을지, 저 인형이 좋을지 아직도 고민 중이야."

아까 곰 인형을 갖고 싶어 하던 여자 아이가 말했어.

"그럼 두 개 다 가져. 난 또 아빠한테 달라고 말하면 돼."

"우와! 정말이야? 고마워, 새롬아!"

그 여자 아이는 인형 두 개를 양팔에 들고 좋아했어.

"그런데 말이야, 내가 1학기 반장 선거에 나간다는 건 다들 알고 있지?"

"어? 응……."

갑자기 반장 선거 이야기가 나오자 아이들은 조금 당황해하며 대답했어.

"너희 잘 들어. 내가 만약 1학기 반장이 되면 언제든지 너희에게 장난감이나 학용품을 줄 수가 있어. 그것도 최고로 좋은 것들로만 말이야."

"우와! 정말?"

아까 로봇을 받았던 친구는 눈이 휘둥그레져서 물었어.

나는 슬쩍 옆에 있는 민수를 바라보았지. 그런데 게임기를 보며 좋아하던 민수의 표정은 어느새 시무룩해져 있었어. 민수는 고개를 숙이고 아무 말도 하지 않았지.

"정말이고말고. 내가 반장이 되면 나는 한 학기 동안 우리 반을 위해 열심히 봉사하는 것은 물론이고 너희들을 자주 우리 집에 초대해서 이렇게 좋은 시간을 보낼 거야. 어때, 좋지 않겠니?"

"응응! 좋아, 좋아!"

곰 인형을 두 개나 받은 여자 아이도 매우 기쁜 표정으로 대답했어.

그날 집에 돌아오면서 민수는 아무 말도 하지 않았어.

"민수야, 기분이 안 좋니? 새롬이가 이미 반장이 된 것도 아니잖아. 내가 보기에는 반 아이들이 민수 너를 많이 좋아하니까 네가 반장이 될 것 같아."

나는 민수를 위로해 보려 노력했지만 민수는 새롬이에게 받은 게임기를 만지작거릴 뿐 아무 말도 하지 않았어.

3 진정한 카리스마?

집에 돌아오자 아빠는 내가 신이 나서 만지작거리고 있는 게임기가 어디서 난 것인지 물으셨어.

"아, 이거요? 우리 반 임시 반장인 새롬이가 그냥 줬어요."

"그냥? 아빠가 보기에는 친구가 그냥 줄 수 있을 만한 물건은 아닌 것 같은데. 정말 그냥 준 거니?"

"걔네 아빠가 장난감 회사 사장님이래요. 근데 정말 그냥 준 건지는 저도 잘 모르겠어요."

"응? 잘 모르겠다니? 그게 무슨 소리니?"

"걔네 집에 간 친구들 모두가 장난감을 하나씩 받긴 했는데요, 새롬이가 이걸 주면서 자기가 반장이 되면 이런 거 만날 갖다 줄 수 있다고……."

"이런……."

아빠는 갑자기 당황스러운 표정을 지으셨어.

"그랬구나. 아마도 그 새롬이라는 친구가 반장이 꼭 되고 싶은가 보구나."

"네, 걔는 원래 한 번도 반장 자리를 놓친 적이 없는 아이래요. 근데요 아빠, 제가 말씀 드렸던 민수라는 애 있잖아요."

"아! 밤나무골에 살았다던 아이?"

"네, 민수도 반장 선거에 나가고 싶어 하는 눈치였거든요. 그런 데 오늘 새롬이네 집에 다녀와서는 기분이 별로 안 좋은 것 같았어요."

"음, 그랬어?"

"네, 함께 갔던 친구들이 모두 새롬이를 반장으로 뽑을 것 같았 거든요. 새롬이는 똑똑하고 집도 부자고 장난감도 많고……."

"그랬구나. 하지만 동현아."

"네."

"그런 것이 전부는 아니란다."

"네?"

"네가 말한 그 새롬이라는 아이가 정말 반장이 될지 안 될지는 아빠도 모르겠다만 한 반을 이끌어 가는 지도자라고 할 수 있는 반장이라는 자리는 그렇게 똑똑하고 집이 부자라는, 네가 말한 그런 것들로만 지켜 낼 수 있는 자리가 아니란다."

"그럼요? 또 어떤 것들이 필요한데요?"

"음, 지도자가 될 사람에게는 카리스마가 필요해. 카리스마 알지?"

"그럼요! 알죠. 텔레비전에서 많이 들었어요. 관중을 압도하는 카리스마……. 히히!"

"하하, 그래. 카리스마는 특별한 능력 또는 권위를 뜻하는 말이야. 네가 텔레비전에서 들은 것처럼 어떠한 연예인에게 특별한 능력이 있거나 권위가 있다면 그 사람도 카리스마를 지닌 인물이라고 할 수 있겠지. 또 우리는 특별한 능력을 지녔거나 권위를 지닌 사람이 지도자가 되면 그를 카리스마적 지도자라고 부르지. 하지만 진정한 카리스마란 네가 말한 지식이나 물질적 부유함에서 나오는 것이 아니란다."

"아니에요, 아빠! 새롬이는 장난감이랑 학용품으로 반 아이들을 휘어잡았는걸요?"

"그렇다면 만약 그 친구에게 장난감이 없었더라도 반 아이들 모두 지금처럼 그 친구를 따랐을까? 동현아, 진정한 카리스마란 그 사람 내면에 있는 도덕성이나 상대에게 믿음을 주는 신뢰성 또는 팀을 하나로 똘똘 뭉치게 하는 능력에서 나오는 것이란다."

"하지만 새롬이에게는 이미 장난감 회사 사장님을 아빠로 두었다는 카리스마가 있잖아요."

"물론 카리스마에는 여러 종류가 있단다. 네가 말한 것처럼 새롬이네 집이 부자라는 것도 카리스마에 속한다고 본다면 그건 아마도 누군가로부터 물려받은 것이기 때문에 세습 카리스마라고 할 수 있겠지. 하지만 카리스마란 꼭 그렇게 누군가에게 물려받는 것만 말하는 것이 아니란다. 얼마든지 계발하고 만들어 나갈 수 있는 것이지."

"그럼 민수도 카리스마를 지닌 반장이 될 수 있을까요?"

"물론이지! 아까 아빠가 말했듯이 도덕성, 신뢰성, 팀워크 등을 갖추었다면 민수도 충분히 훌륭한 반장이 될 수 있겠지."

"휴, 이제 곧 반장 선거 날인데 민수가 용기를 잃어서 큰일이에요."

"그럴 수도 있겠구나. 네가 옆에서 힘이 되어 주렴."

4 드디어 반장 선거를 하는 날

다음 날 학교에 가 보니 역시 새롬이의 주변에는 많은 친구들이 몰려 있었어. 대부분이 어제 새롬이네 집에서 만났던 친구들이었지.

"나 같은 애가 반장 선거에 나가겠다고 한 게 잘못이지, 휴."

새롬이를 물끄러미 바라보던 민수가 말했어.

"민수야, 그렇게 생각하지 마. 어제 우리 아빠가……."

나는 어제 아빠께 들은 이야기를 전해 주며 민수에게 힘을 주기 위해 노력했어. 하지만 민수는 고개만 숙이고 있을 뿐 아무런 대답도 하지 않았어. 아마도 반장 선거에 나가기를 아예 포기한 듯했어.

드디어 반장 선거를 하는 날이 되었어.

"여러분! 열흘 동안 한 친구, 한 친구를 유심히 지켜봤나요? 선생님이 열흘 전에 이야기했듯이 오늘 드디어 우리 반의 반장을 뽑을 거예요. 어떤 친구들이 반장 후보로 나오고 싶어 하는지 선생님도 어느 정도 알 것 같은데……."

선생님은 새롬이와 민수를 쳐다보며 말씀하셨지. 물론 새롬이는 매우 자신만만한 표정이었지만 반면에 민수의 표정은 매우 우울해 보였어.

"자, 이제 반장 선거를 시작하겠어요. 먼저 반장이 되고 싶어 하는 사람이 누군지 알아야 투표를 시작할 수 있겠지요? 자, 자신이 반장이 되고 싶다거나 다른 친구를 추천하고 싶은 학생은 손을 들고 말해 보세요."

"저요!"

예상했던 대로 새롬이는 손을 번쩍 들며 말했어.

"제가 반장이 되고 싶습니다."

"그래요, 김새롬. 제일 먼저 손을 들었으니까 새롬이가 1번 후보가 되겠네. 자, 또!"

선생님은 주변을 둘러보며 물으셨지만 아무도 선뜻 손을 들지 않았어. 나는 앞에 앉은 민수를 쿡쿡 찔러 보았지만 민수는 고개를 숙인 채 미동도 하지 않았어. 나는 민수 귀에 대고 말했지.

"야, 빨리 손들어."

"……."

하지만 민수는 아무런 대답도 하지 않았어. 나는 답답한 마음에 손을 번쩍 들었지.

"김민수를 추천합니다."

"그래요. 민수가 반장 후보 2번으로……."

그런데 선생님 말씀이 끝나기도 전에 민수가 손을 번쩍 들더니 말했어.

"선생님! 저는 안 하겠습니다!"

반 아이들은 모두 놀라서 민수를 바라보았지.

"선생님이 알기로는 민수도 반장 선거에 나가고 싶어 하는 것 같았는데, 무슨 일이 있었니?"

"아, 아니요. 그냥 마음이 바뀌었어요."

민수는 고개를 숙인 채로 대답했어.

"흐음, 그럼 또 다른 후보자는?"

이제 정말 아무도 손을 들려고 하지 않았어.

"이런, 이상한 일이네. 선생님이 알기로는 며칠 전까지만 해도 반장 선거에 나가겠다는 친구들이 꽤 여러 명이었던 것 같은 데……. 다들 왜 갑자기 마음이 바뀐 거지?"

선생님은 고개를 갸우뚱하며 물으셨어.

"여러분, 한 학기 동안 우리 반을 대표할 사람을 뽑는 일은 매우 중요해요. 여러분이 지금 쑥스러운 마음에 후보로 나오지 못하고 있는 모양인데, 그렇다면 잠깐 시간을 주겠어요. 쉬는 시간 마치 고 다시 후보를 받아서 투표를 시작하도록 할게요."

선생님은 우리에게 쉬는 시간을 주시고 복도로 나가기 위해 앞 문으로 향하셨어. 아이들은 슬슬 움직일 태세를 하고 있었지.

그런데 선생님께서 갑자기 몸을 돌리시더니 말씀하셨어.

"동현이는 잠깐 교무실로 오렴."

나는 내가 무슨 잘못이라도 했나 싶어서 마음이 조마조마했지.

똑똑!

"어, 동현이 왔구나?"

"네, 그런데 무슨 일로······."

나는 잔뜩 긴장한 표정으로 물었지.

"하하, 선생님이 갑자기 불러서 긴장했구나?"

선생님은 내 볼을 살짝 꼬집으면서 말씀하셨어.

"다름이 아니고, 선생님이 동현이한테 뭣 좀 물어볼 게 있어서 말이야."

"네······."

"네가 민수랑 가장 친하고, 너는 어차피 이번 선거에 후보자로 나올 수 없으니 솔직하게 대답해 줄 수 있을 것 같은데······. 혹시 민수한테 무슨 일이 있었니?"

"아, 아니요."

나는 더듬더듬 대답했어.

"그런데 왜 민수가 갑자기 그렇게 우울해 보이고, 반장 선거에도 나오지 않겠다고 한 거지?"

"저, 저도 잘 모, 모르겠어요······."

"흐음, 선생님 생각에는 분명 무슨 일이 있었던 것 같은데. 반 분위기도 이상하고 말이야. 민수 말고도 반장 선거에 나오고 싶어 하는 애들이 많았는데······."

"선생님, 쉬는 시간 끝나 가요."

나는 얼른 화제를 돌렸어.

"어? 어, 그래. 벌써 시간이 이렇게 되었구나. 올라가 보자꾸나."

휴, 나는 안도의 한숨을 쉬며 교실로 올라갔지.

"자, 여러분."

선생님은 교탁에 서서 아이들을 정돈시키셨어. 어수선하던 교실 분위기는 선생님의 말 한마디로 순식간에 정돈이 되었지.

"마음의 결정을 내렸나요? 다시 한 번 기회를 주겠어요. 스스로 반장이 되고 싶거나 반장으로 다른 친구를 추천하고 싶은 사람은 손을 들도록 해요."

교실은 쥐 죽은 듯이 조용하기만 했어.

"아까와 똑같군요. 대체 무슨 일이 있었기에 여러분이 이러는지는 모르겠지만, 그렇다면 반장 후보는 선생님이 뽑도록 하겠어요."

선생님의 폭탄 발언에 반 아이들은 웅성거리기 시작했어.

"이상하게 생각할 것 없어요. 선생님이 열흘 동안 지켜본 결과 반장 선거에 나오고 싶어하는 학생이 몇 명 있었는데, 선생님은 그 학생들을 추천하는 거예요. 아까 새롬이를 포함해서 민수, 수

경이, 진철이, 영호, 이렇게 다섯 명을 추천하겠어요. 그 외에 또 후보자가 되고 싶은 친구는 아무나 말해도 좋아요."

선생님은 주변을 둘러보시며 조금 더 기다리셨어.

"아무도 없군요."

그리고 나서 칠판에 다섯 명의 이름을 적으셨지.

"이렇게 다섯 명의 후보자를 두고 투표를 시작하겠어요. 오늘까지 임시 반장으로 수고해 준 새롬이가 나와서 종이를 나누어 주도록 하세요."

"네!"

새롬이는 명랑하게 대답하며 앞으로 나가 종이를 받아 들었어. 그리고 한 장 한 장 반 친구들에게 투표용지를 나누어 주며 여유로운 미소를 지었지.

"자, 이제 후보자 자격이 없었던 동현이가 나와서 선거함을 열어 보고 개표하세요. 그게 가장 공정하겠지요?"

나는 앞으로 나가서 투표용지를 하나하나 열어 보았어. 그리고 그 속에 적힌 이름을 읽기 시작했지.

"김민수."

나는 민수의 이름을 읽으면서 매우 기뻤어. 그리고 다음 종이를 펴서 읽었지.

"김새롬."

그리고 다음 종이.

"김새롬."

그리고 다음 종이.

"김새롬."

그리고 다음 종이, 또 다음 종이……. 역시 예상대로 새롬이에게 표가 몰렸지.

"으흠."

개표를 마치고 선생님께서 교탁 앞에 서셨어. 선생님의 표정은 그다지 밝지만은 않으셨어. 그때 우리 반에서 웃고 있는 사람은 새롬이뿐이었지.

"여러분, 먼저 개표 결과를 정리해 보겠어요. 민수 3표, 수경이 2표, 진철이 0표, 영호 1표, 그리고 새롬이 29표."

뒤를 돌아보니 새롬이는 당연하다는 표정으로 개표 결과를 듣고 있었어.

"그런데 선생님은 조금 궁금하네요. 우리 반에는 이렇게 새롬이 외에는 반장이 될 자격이 있는 학생이 전혀 없는 건가요? 심지어

0표를 받은 학생이 있다는 건, 자기 자신도 자신의 이름을 적지 않았다는 것인데……. 참 희한한 일이네요. 새롬이가 아무리 훌륭한 반장감이라고 해도 선생님은 이런 투표 결과를 본 적이 없어서 당황스럽네요."

이때 어떤 아이가 입을 열었어.

"새롬이가 반장이 되면……."

그 아이는 며칠 전 새롬이네 집에서 두 개의 곰 인형을 얻고 매우 좋아하던 아이였어.

"새롬이가 반장이 되면 우리 반은 한 학기 동안 학용품 걱정을 안 해도 되거든요. 히히!"

그 아이는 뭐가 그렇게 좋은지 하얀 치아가 내보일 정도로 크게 웃으며 말했어.

"그게 무슨 소리니?"

"선생님, 모르세요? 쟤네 집이 엄청난 부자라고요! 지난번 놀러 갔을 때 받아 온 장난감이랑 학용품만 해도…… 어휴, 아무튼 우리 반 반장으로는 새롬이가 딱이에요, 히히!"

그 아이는 또 그 곰 인형이 생각났는지 매우 기뻐하며 말했지만 그 말을 들은 선생님의 표정은 어두워졌어.

"여러분, 저 친구 말고 지난 열흘간 새롬이네 집에 놀러 간 친구가 있었나요?"

선생님은 얼굴이 붉어지셔서는 목소리를 낮추고 조용히 물으셨어.

"저요!"

"저요!"

아이들은 새롬이네 집에 놀러 갔던 것이 자랑이라도 되는 양 너도나도 손을 번쩍 들었지. 나와 민수도 조용히 손을 들었어.

"그럼 장난감과 학용품은 무슨 소리지요?"

"쟤네 집에는 그런 게 막 쌓여 있어요!"

장난감 로봇을 받았던 친구의 말을 들은 선생님은 무엇인가 알겠다는 표정을 지으셨지.

"그럼 새롬이네 집에 가서 또 선물을 받은 학생이 있나요?"

선생님이 자꾸 물으시자 아이들도 기분이 이상했는지 이번에는 조용히 손을 들었어. 우리 반 거의 대부분의 아이들이 손을 들었지.

"거의 모두가 새롬이네 집을 다녀왔었군요. 음……."

선생님은 한참을 고민하시다가 말씀하셨어.

"새롬이는 잠깐 선생님을 따라오도록 하고, 여러분은 조용히 자습하고 있도록 하세요."

선생님은 교실 밖으로 나가셨고, 새롬이도 그 뒤를 따라 나갔어.

반 아이들은 모두 웅성거리기 시작했어.

"새롬이가 반장이 된 거지?"

"그렇지. 아까 개표 결과 봤잖아."

"근데 담임선생님 표정이 조금 안 좋으신 것 같지 않냐?"

"응? 난 잘 모르겠던데. 히히!"

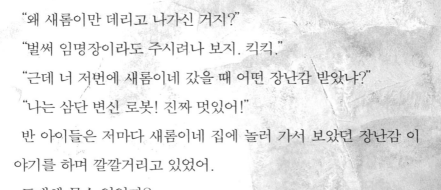

"왜 새롬이만 데리고 나가신 거지?"

"벌써 임명장이라도 주시려나 보지. 킥킥."

"근데 너 저번에 새롬이네 갔을 때 어떤 장난감 받았냐?"

"나는 삼단 변신 로봇! 진짜 멋있어!"

반 아이들은 저마다 새롬이네 집에 놀러 가서 보았던 장난감 이
야기를 하며 깔깔거리고 있었어.

도대체 무슨 일일까?

5 반장 선거를 다시 해야 한다고요?

잠시 후 교실 문이 열리고 선생님이 들어오셨어. 그런데 이상하게 새롬이의 모습은 보이지 않았어.

"어, 새롬이가 안 보인다?"

"그러게 말이야. 선생님만 오시네?"

아이들은 수군거렸고 선생님은 교탁 앞에서 아무 말씀도 하지 않으신 채 한참을 서 계셨어.

"쉿! 조용히 해 봐. 분위기가 이상하잖아."

아이들은 점점 조용해졌지.

"여러분, 음……."

선생님은 잠시 뜸을 들였다가 곧 말씀을 이으셨어.

"선생님이 여러분에게 할 말이 있어요. 새롬이는 잠시 선생님 심부름을 하느라 교무실에 있으니 걱정하지 않아도 돼요. 선생님이 여러분에게 할 말은……."

선생님은 무슨 중대 발표라도 하실 것처럼 심호흡을 크게 하시고는 다시 입을 여셨어.

"우리 반은, 우리 5학년 2반은! 지금부터 정확히 5일 후에 다시 반장 선거를 하도록 하겠어요."

"네?"

선생님 말씀을 들은 아이들은 모두 눈이 휘둥그레지고 말았어.

"선생님이 지금 말한 그대로예요. 오늘 있었던 반장 선거는 없던 것으로 하고 5일 후에 다시 반장 선거를 치르도록 하겠어요. 선생님이 이런 결정을 내린 이유에 대해서는 여러분이 더 잘 알고 있겠지요?"

"……."

반 아이들은 모두 서로 얼굴을 쳐다보며 고개를 갸우뚱할 뿐 아무 대답도 하지 않았어.

"그랬군요. 여러분이 선거에 대해 정말 잘 몰랐기 때문에 이런 일이 벌어진 것 같군요. 그렇다면 이번 일에 대해서는 선생님 책임이 크네요. 자세한 설명을 해 주지 않았으니 말이에요."

"새롬이가 반장을 안 하겠대요?"

"이상하다. 그럴 리가 없는데……."

"아니면 자기를 안 찍은 친구들이 있어서 삐졌나?"

아이들은 더 이상 궁금증을 참지 못하고 저마다 추측을 하기 시작했어.

"자, 선생님이 설명할게요. 여러분이 알다시피 새롬이는 반장을 하고 싶어 했어요. 물론 우리 반을 위해서 봉사하고 싶은 마음 때문이었겠지요. 하지만 여러분, 선생님이 여러분에게 선거를 앞두고 열흘이라는 시간을 준 것은 그 시간 동안 학급을 위해 열심히 봉사할 수 있는 친구가 누구일지 생각해 보라는 뜻이었어요. 어떤 친구가 좋은 집에 사는지, 어떤 친구가 좋은 선물을 해 주는지에 대해 알아보라는 뜻이 아니었어요. 물론 한 학급을 이끌어 가는 반장이 되기 위해서는 갖춰야 할 것이 굉장히 많아요. 하지만 그 것은 집이 부자이냐 아니냐를 말하는 것이 아니에요."

선생님께서 설명을 하실수록 아이들은 점점 풀이 죽어 갔어.

"한 반을 대표하는 반장이 되기 위해서는 훌륭한 장난감이나 멋진 부모님이 아닌, 내면의 카리스마가 필요해요."

어? 내가 새롬이네 집에서 받은 장난감을 가지고 집에 들어갔을 때에도 아빠가 내게 비슷한 말씀을 하셨던 것 같은데…….

나는 '카리스마'라는 단어를 듣고 전에 아빠가 하셨던 말씀이 떠올랐어. 아빠는 그때 내게 반장은 한 학급의 지도자와 같은 것이고, 지도자가 되기 위해서는 내면에서 우러나오는 진정한 카리스마가 필요하다고 하셨었지. 또 카리스마란 얼마든지 후천적으로 계발할 수 있는 것이라고 하셨고. 나는 아빠가 하셨던 말씀을 생각하며 다시 선생님 말씀에 귀를 기울였어.

"원래 카리스마란 '신이 주신 재능'이라는 뜻에서 유래된 말이에요. 그래서 현대에는 특별한 능력이나 자질을 지닌 사람이 자신을 카리스마적 지도자로 내세워 신에게서 특별한 능력을 받은 것처럼 행사하기도 했지요. 여러분이 잘 알고 있는 보나파르트 나폴레옹이나 아돌프 히틀러, 모택동 등이 그 대표적인 예이지요."

그동안 나는 단순히 텔레비전에서 보아 온 연예인들의 멋진 모습을 카리스마라고 생각했는데 원래 카리스마란 단어에 그런 뜻이 있었는지 처음 알았지 뭐야.

"하지만 근대에 이르러서는 카리스마란 타고 나는 것이 아니라 만들어지는 것이라는 쪽으로 그 개념이 바뀌어 가고 있지요. 참된 카리스마로 이루어진 지도자는 자신이 이끌어 가고 있는 사람들과 신뢰와 헌신으로 관계를 맺게 됩니다. 이 관계는 법적인 형식적 절차나 전통적 관습 또는 재정적 뒷받침에 의지하지 않아요. 오로지 지도자 고유의 카리스마에 대한 내면적인 믿음에만 근거하고 있지요."

"……."

신뢰와 헌신 그리고 내면적인 믿음……. 선생님께서는 과연 우리가 그러한 조건을 바탕으로 반장을 뽑았는지 묻고 계신 듯했어. 우리는 아무도 할 말이 없었지.

"그렇다면 그러한 내면적 믿음을 주기 위해서 지도자는 어떠한 것을 갖추어야 할까요? 우리가 흔히 리더십을 지녔다고 말하는 것은 어떤 걸 의미하는 걸까요? 카리스마를 지닌 리더는 먼저 명확한 미래의 꿈을 가지고 있어야 해요. 우리 반 친구들에게 학용품 걱정이 없게 해 주겠다는 유혹적인 꿈 말고 정말 우리 반의 발전을 바라는 마음으로 그려 낸 꿈 말이지요."

선생님은 차분하게 하나하나 설명해 주고 계셨지만 그동안의 사정을 모두 아시고는 속이 매우 상하신 것 같았어.

"또 카리스마를 지닌 리더는 남의 흉내를 내지 않아요. 선생님이 오늘 조금 속상한 것은 여러분의 반장 선거가 마치 몇몇 옳지 못한 어른들의 선거 모습처럼 보였기 때문이에요. 여러분, 선거철이면 텔레비전에서 '공명선거'라는 제목으로 캠페인 하는 것을 많이 보았지요?"

"네……."

우리는 기가 죽어서 모기처럼 기어 들어가는 목소리로 대답했어.

나도 언젠가 보았던 캠페인 광고 장면이 떠올랐지. 어른들이 멋진 식당에서 식사하면서 하얀색 봉투를 하나씩 전해 받고 그 후보자를 꼭 뽑겠다고 악수하는 장면. 선생님은 어른들의 그러한 모습이 우리에게 느껴져서 마음이 아팠다고 말씀하셨어.

"물론 새롬이도 여러분도 그런 어른들을 흉내 내려고 한 것은 아니겠지요. 선생님은 여러분이 아직 선거에 대해, 진정한 카리스마에 대해 잘 모르기 때문에 이런 일이 벌어졌다고 생각해요."

남의 흉내를 내지 않는 것. 그것도 카리스마를 지닌 리더의 모습이라는 것을 처음으로 알게 되었어. 우리는 텔레비전에서 최민수

아저씨와 같은 멋진 연예인을 보면 카리스마를 지녔다고 말하지
만, 그런 모습들을 흉내 낸 연예인들을 보고 카리스마가 있다고
하지는 않잖아.

"그 외에도 카리스마를 지닌 리더가
되기 위해서는 여러 가지가 필요하지
만 선생님은 그중에서 가장 중요한
것을 '겸손'이라고 말하고 싶어요.
여러분, 겸손이 뭔지 알
죠? 선생님은 우리 반
을 대표하는 반장
에게 이런 마음이
꼭 있었으면 좋겠
어요. 남보다 많이
가진 것을 이용하
여 다른 사람들의

마음을 혹하게 하려는 것보다는 늘 묵묵하게 모든 친구들을 자신보다 훌륭한 사람으로 여기는 마음 말이에요. 따뜻한 카리스마를 지닌 리더가 되기 위해서는 친구들과의 만남, 즉 인연을 소중하게 여기는 마음이 중요한데 그러기 위해서는 당연히 겸손한 자세가 필요하겠죠? 선생님은 여러분이 이제부터 5일 동안 꼭 그러한 리더를 찾아내서 우리 반의 반장으로 뽑아 줬으면 좋겠어요."

"네."

아이들은 선생님 말씀을 알아들은 듯했어.

"새롬이에게도 선생님이 잘 설명해 줄 거예요. 새롬이도 아마 반장 선거에 대해, 또 진정한 카리스마에 대해 잘 모르고 있었을 거예요. 그래서 이런 일이 벌어졌지만 여러분은 지금처럼 새롬이를 같은 반 친구로 따뜻하게 대해 주어야 해요."

"네!"

선생님은 우리 반 누구에게도 책임을 묻지 않으셨어. 단, 이제 반장 선거에 대해, 진정한 카리스마에 대해 설명을 해 주었으니 또다시 이런 일이 벌어지면 안 된다고만 말씀하셨지.

휴, 그나저나 다른 반은 모두 반장을 뽑았는데 우리 반만 반장이 없으니……. 우리 반 아이들 모두의 표정이 어두워졌어.

여러 가지 지배 형태와 막스 베버의 이론

　엄격한 학교 규칙에 따라 반장 선거를 한다는 것은 그 자체가 합리적(합법적) 지배 형태의 사회에 소속되었다는 뜻이 됩니다. 왜냐하면 반장이란 합법적 절차에 따라 지배의 권한을 위임받는 사람이니까요. 이때 반장의 지배 권한과 권위는 개인으로부터 나오는 것이 아닙니다. 오로지 그를 뽑은 제도와 절차의 합법성에서 비롯됩니다. 새롬이의 경우와 같이 부모의 경제 능력과는 무관한 것입니다.

　우리가 흔히 준법정신을 강조하는 것은 합리적 지배 형태에 따르기를 강요하는 것입니다. 그런데 본문에서 담임선생님은 반장 선출 과정의 문제점을 발견하고 재선거를 실시하기로 결정했습니다. 그것은 온전한 합리적 지배 형태에 이르기 위해 예외적으로 자신의 오랜 경험에서 익힌 전통적 지배 형태를 지혜롭게 적용한 예이지요. 왜냐하면 새롬이와 같은 사전 선거 운동을 어떻게 처리해야 한다는 교칙은 없었으니까요. 이처럼 철저한 합리적 지배 형태에 따르기 위해서도 전근대적이고 비합리적인 전통적 지배 형태를 보완하는 것은 필요합

니다.

한편 근대에 들어서며 버려야 할 것으로 여겼지만 새로운 가치를 인정받고 현대에 들어 재조명되고 있는 것이 전통적 지배 형태 외에 하나 더 있습니다. 그것이 바로 이 책의 주제인 카리스마적 지배 형태입니다.

요즈음 카리스마라는 용어가 유행어처럼 여기저기서 흔하게 사용되고 있습니다. 그것은 근대적 지배 형태인 합리적 관료제의 한계를 일찍이 발견하고 그 보완적 요소로 카리스마적 지배 형태를 지목했던 막스 베버의 선견지명에서 비롯된 것입니다.

베버는 당시 비스마르크가 근대 독일의 통일과 경제적 발전을 성공적으로 이끈 과정 속에서 합리적 지배 형식인 관료제가 차지했던 중요성을 인정하는 한편, 고도로 관료화되어 버린 나머지 독일을 '통제되지 않는 관료제적 지배'의 위협 속으로 몰아넣었다고 판단하기도 했습니다. 그래서 독일은 관료제의 자의적(恣意的) 통치라는 고통으로부터 어떻게 벗어날 것인가 하는 새로운 문제에 직면하게 되었습니다. 여기에 베버는 마르크스의 혁명과도 다르고 니체의 허무주의적 초인과도 다른 낙관적 대안으로 카리스마적 지도자의 필요성을 강조하였습니다. 이로써 베버는 과거의 전통적 지배와 새로 등장한 합리적 관료제의 체제를 보완적으로 극복할 수 있는 대안이 카리스마적 지배 형태임을 강조하게 되었던 것입니다.

　반장이라는 직책도 학급이라는 하나의 집단을 이끄는 지도자입니다. 오직 교칙에만 따르는 순수한 합리적 지배에 의해서는 해결할 수 없는 목표와 일을 맡아 처리하기도 하지요. 다음 이야기에 등장하는 금품 도난 사건 같은 경우도 그 한 예이지요. 앞으로 등장하는 이야기를 통해서 카리스마에 대해 보다 정확하게 알아봅시다.

두 번째 반장 선거

 세상만사는 '그럼에도 불구하고' 라고 말할 수 있는 확신이 있는 사람, 그
와 같은 사람만이 정치에 대한 '천직(天職)' 을 지닐 수 있는 것이다.

―막스 베버

1 사라진 필통

"어? 급식 신청서 오늘까지야?"

"그런 말 없었잖아?"

"나는 그거 받아 보지도 못했는데?"

"참! 체험 학습지도 오늘까지라던데?"

"아냐, 그거 내일까지라며!"

"누가 그래?"

"몰라. 누구한테 전해 들었는데……."

반장이 없는 상태에서 우리 반 분위기는 어수선하기만 했어. 아주 사소한 전달 사항도 제대로 전달되지 않았고, 준비물도 빼먹기 일쑤였지.

"민수야. 너는 체험 학습지 가져왔어?"

나는 사물함을 정리하고 있는 민수 옆으로 가서 물었어.

"응, 나도 언제까지인지 잘 몰라서 일단 챙겨 왔어. 여기 있다!"

"그랬구나. 나는 내일까지인 줄 알고 안 가져왔는데 어쩌지?"

나는 걱정이 되어서 민수에게 물었어.

"괜찮을 거야. 애들 보니까 다들 전달이 제대로 안 된 것 같은데 선생님도 이해하실 거야."

"휴, 그래 주셔야 할 텐데……. 반장이 없으니까 불편한 점이 많네."

"응, 그러게 말이야. 선생님이 말씀하신 것처럼 이번에는 꼭 '칼 있으마'를 지닌 친구가 반장이 되었으면 좋겠다."

"하하하! '칼있으마'라, 킥킥. 그나저나 민수야."

"응? 왜?"

자리에 앉은 우리는 서랍을 정리하며 계속 이야기를 나눴어.

"너 이번 선거에는 꼭 나가 봐."

"에이, 나가면? 누가 뽑아 주기나 한대냐? 히히! 역시 나는 반장 같은 거랑은 거리가 먼 것 같아, 킥킥."

"아냐, 아냐. 너의 따뜻하고 밝은 본모습을 알게 된다면 친구들도 너를 반장으로 뽑게 될 거야."

"야! 그러다가 딱 두 표 나오면 어떡하냐? 네 표 하나, 내 표 하나, 이렇게 딱 두 표! 킥킥."

"거 참! 아니라니까!"

민수는 반장 선거에 나가 보라는 내 말을 농담으로 넘겨 버렸어.

바로 그때였어.

"어? 어? 이게 어디 갔지?"

화장실에 다녀온 내 짝꿍 선우가 갑자기 호들갑을 떨며 서랍과 가방을 뒤지기 시작하는 거야.

"무슨 일이야?"

내가 묻자 선우가 말했어.

"너희 혹시 여기 있던 내 필통 못 봤어?"

"아, 엊그제 샀다는 그 새 필통?"

"응, 내가 분명히 여기 올려놓고 화장실에 다녀왔는데 없어졌어."

"잘 찾아봐. 거기 올려놓고 갔으면 어딘가에 있겠지. 너 나간 이후로 아무도 이 근처에 안 왔었어. 나랑 민수밖에 없었어."

"아냐. 없어, 없어. 아무 데도 없어."

선우는 눈물을 글썽이며 말했어. 엊그제 새로 산 필통을 나한테 자랑하며 매우 좋아했었는데……. 나와 민수도 안타까운 마음에 함께 찾아보았지만 선우의 새 필통은 어디에도 보이지 않았어.

"흑, 나 그거 엄마한테 3개월이나 졸라서 산 건데……. 엄마가 알면 크게 야단을 치실 거야, 훌쩍."

선우는 결국 눈물을 흘리고 말았지.

"선우야, 기다려 봐. 꼭 찾을 수 있을 거야."

민수는 이리저리 필통을 찾으며 선우를 위로했어.

"누가 가져간 게 틀림없어. 그렇지 않고서야 이렇게 갑자기 필통이 사라졌을 리가 없지."

"글쎄, 민수랑 나랑 사물함 쪽에 잠깐 간 이후로는 계속 여기 앉아 있었는데, 누가 가져가는 건 못 봤어."

"너희가 사물함에 간 사이에 누가 가져갔나 봐, 훌쩍."

"그런가……?"

나도 아는 것이 없으니 머리를 긁적이는 것밖에 선우를 도와줄 길이 없었지.

그때 담임선생님이 들어오셨어.

"자 여러분, 조회를 하겠어요. 오늘까지 내야 하는……, 어? 그런데 선우는 왜 울고 있지?"

아침 조회를 하러 들어오셨던 선생님께서 선우를 보고 물으셨어.

"엉엉, 제 필통이…… 엉엉, 여기에 두고 화장실…… 엉엉."

선우는 우느라고 대답을 제대로 하지 못했어.

"옆에 있는 짝이 대답해 보세요. 무슨 일이지요?"

"선우가 화장실 다녀온 사이에 필통이 없어졌대요."

우느라고 말을 못하는 선우를 대신하여 내가 선생님께 말씀드렸어.

"이런, 잘 찾아는 봤고?"

"네, 다 찾아봤는데 정말 없어요. 분명 누가 가져간 게 틀림없어요, 엉엉."

"선우, 그렇게 무조건 남을 의심하는 건 좋지 못한 행동이에요. 일단 오늘 점심시간까지 잘 찾아보고 그 후에 다시 이야기하도록 해요. 다른 친구들도 어디서든 선우의 필통을 보면 선우 책상 위에 올려놔 주도록 하세요."

"네."

선생님은 혹시 선우의 필통을 가져간 친구가 있다면 그 친구가 알아서 돌려주길 바라는 마음에서 그렇게 말씀하시는 것 같았어. 어쨌든 우리는 점심시간까지 선우의 필통이 돌아오기를 기다려 보기로 했지.

그렇게 선우는 오전 내내 우울한 기분으로 수업을 들었고 나와 민수는 필통을 찾을 수 있을 거라고 계속 위로해 주었어. 하지만 우리의 위로와는 다르게 결국 점심시간까지 필통을 찾지는 못했어.

"자, 여러분. 점심시간이 끝나 가지만 선우의 필통을 끝내 찾지 못했어요. 선우가 아침에 화장실 다녀온 시간이 불과 이삼 분에 지나지 않았고, 그 시간 동안 우리 교실에 우리 반 학생들 말고는 아무도 들어오지 않았으니 선생님은 선우의 필통이 이 교실 안에 있을 것이라고 생각해요."

"……"

아이들은 모두 아무것도 모른다는 표정만 지을 뿐이었지.

"모두 눈을 감아 보세요."

우리 반 아이들은 선생님 말씀에 의아한 표정을 지으며 눈을 감

앉어.

"선생님은 우리 반 학생들을 모두 믿어요. 혹시 선우의 필통을 실수로 가져갔거나, 혹은 자신도 모르게 어디선가 발견했는데 쑥스러워서 말을 못하고 있는 학생이 있다면 조용히 손을 들도록 하세요. 친구의 물건을 친구에게 돌려주는 일은 부끄러운 일이 아니에요. 시간을 주겠어요."

그리고 선생님은 그렇게 한참 동안 아무 말씀도 하지 않으셨어. 잠시 후 선생님은 다시 말을 이으셨지.

"자, 모두 눈을 뜨도록 하세요. 어쩔 수 없네요. 우리 모두 백 원이든 이백 원이든 모아서 선우의 필통을 사 주도록 해요."

"어머! 그런 게 어디 있어."

"난 돈 없단 말이야."

아이들은 저마다 수군거리기 시작했지.

"조용히들 하세요. 우리 반 친구에게 일어난 일은 우리 반의 일이나 다름없어요. 그렇다면 우리 모두가 함께 해결해야 할 일이고요."

하지만 아이들은 좀처럼 선생님 말씀에 수긍하지 않았고 모두 불만을 이야기하기에 바빴지.

"선생님, 그거 제가 가져갔습니다."
아이들은 어디서 나는 소리인지 확인하기 위해 두리번거렸어.
그런데…… 앗! 이럴 수가!

2 민수가 선우의 필통을?

방금 말을 꺼낸 사람은 바로…… 민수였어.

"방금 뭐라고 했니?"

"선우 필통이요, 제가 탐이 나서 가져갔어요."

"야! 너 나랑 계속 같이 있었잖아. 무슨 소리야?"

나는 뒤에서 민수를 쿡쿡 찌르며 말했지. 그러나 민수는 내 말에 아랑곳하지 않고 계속 선우의 필통을 가져간 사람이 자신이라고 말했어.

"그게 정말이니? 그렇다면 왜 그랬지?"

"선우의 필통이 탐나서 그랬어요. 좋아 보여서요. 잘못했습니다."

민수는 고개를 숙인 채 말했어.

"그랬군요. 민수가 잘못했다고 생각한다니 선생님도 더 이상 긴 말은 하지 않겠어요. 하지만 선생님이 몇 번 시간을 줬을 때 돌려 주지 않은 것은 민수가 잘못한 거예요. 돌려줄 시간은 얼마든지 있었잖아요. 어쨌든 지금이라도 민수가 고백을 했으니 필통을 돌려주기만 한다면 이 일에 대해서는 선생님을 포함해서 우리 반 그 누구도 더 이상 아무 말 하지 않기로 해요."

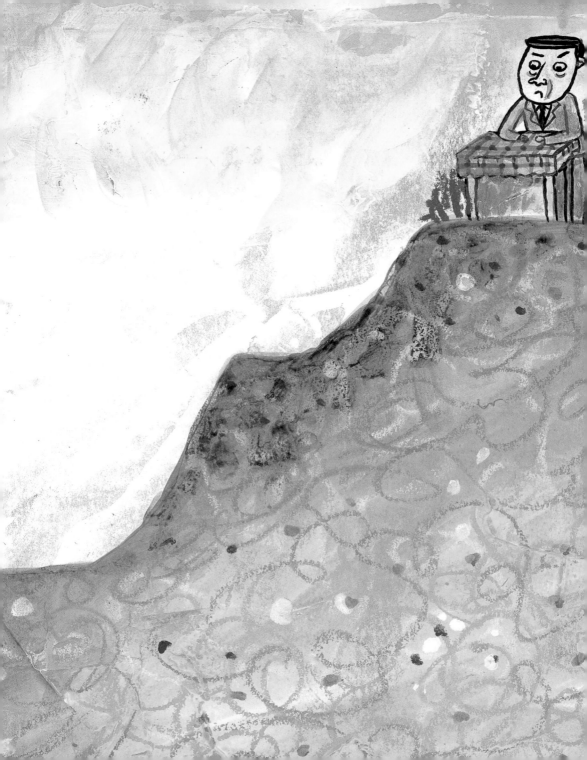

"네."

선생님 말씀에 아이들은 순순히 대답하긴 했지만 솔직히 민수를 고운 시선으로 바라보는 것 같지는 않았어.

"야! 김민수! 너 따라 나와!"

나는 선생님이 나가시자마자 민수를 불렀지. 민수가 복도로 나왔어.

"야! 너 왜 그래? 너 아침에 학교에 도착하자마자부터 줄곧 나랑 같이 있었잖아. 그런데 네가 선우 필통을 가져갔다니, 왜 그런 말도 안 되는 거짓말을 하는 거야?"

"……."

민수는 그저 미소만 지을 뿐 아무 대답도 하지 않았어.

"아우, 답답해! 뭐라고 말 좀 해 봐!"

딩동댕동!

그때 수업 종이 울렸지.

"동현아, 수업 종 울렸다. 들어가자."

민수는 내 어깨에 손을 올리며 말했어.

"너 두고 봐!"

나는 민수를 노려보며 말했지.

"별일 아닌데 뭐."

민수는 역시 미소만 지을 뿐이었어. 난 너무 답답했지.

"나는 민수 그렇게 안 봤는데……."

"쟤네 집안 형편이 좀 어렵대."

"그래도 민수가 원래부터 그런 애는 아니야. 실수로 그랬겠지."

아이들은 저마다 민수를 쳐다보며 수군거렸고 나는 너무 화가 났어.

"야! 너희 좀 조용히 해! 수업 종 치는 거 못 들었어?"

나는 수군거리는 애들을 향해 소리쳤지.

"어머! 별꼴이야."

나는 도대체 민수가 왜 스스로 그런 누명을 쓰려는지 이해할 수 없었어.

"선우야."

민수가 뒤돌아보며 선우를 불렀어.

"응."

선우는 아직도 속상한 마음이 풀리지 않았는지 민수와 눈을 마주치지 않은 채 대답했지.

"내가 가져간 필통은 내일 돌려줄게. 그래도 되겠니?"

"알겠어."

선우는 고개를 숙인 채 대답했어.

"거 봐! 네가 안 가져갔으니까 지금 당장 돌려주지 못하는 거지?"

내가 민수를 쿡쿡 찌르며 말했어. 역시 민수는 아무런 대답도 하지 않았지.

민수는 다음 날 선우에게 새 필통을 사다 주었고, 선우는 여전히 민수에게 배신감을 느끼는 듯했지만 더 이상 그 일에 대해서는 아무 말도 하지 않았어.

우리 반의 몇몇 아이들은 여전히 민수를 이상한 눈빛으로 쳐다보았어. 물론 변함없이 민수의 착한 성품을 믿는 친구들도 있었지만 말이야. 그리고 나는 여전히 민수가 선우 필통에 손을 대지 않았다고 믿고 있었지. 물론 나는 민수에게 무슨 이유로 스스로 그런 누명을 뒤집어썼는지에 대해 몇 번이고 물어보았지만 민수는 그때마다 말없이 웃기만 했어.

그 후로는 나도 민수에게 그 일에 대해 더 이상 아무 말하지 않았어. 조용히 그 일이 넘어가길 바라는 민수의 마음을 생각하면서.

3 두 번째 반장 선거를 하는 날

"야, 오늘 누가 후보로 나올까?"

"글쎄, 난 별로 관심 없어! 아무나 나오라지 뭐!"

"야, 그래도 우리 반 일인데 그러면 되냐?"

"민수 어때?"

"야! 말도 안 되는 소리 하지 마! 너 벌써 잊었냐? 선우 필통 사건 말이야. 걘 안 돼!"

"그래도 민수가 얼마나 착한데! 그때도 솔직히 끝까지 말 안 할 수도 있었는데 솔직하게 고백했잖아."

"솔직하게 고백했으니까 결국 민수가 잘했다는 거야? 처음부터 남의 물건에 손을 대지 말았어야지!"

"그래도 난 민수가 괜찮던데……. 항상 밝고 정도 많고."

"하긴 민수한텐 사람을 끌어당기는 뭔가가 있긴 해. 누가 되든 되겠지 뭐! 근데 후보로 나온다는 사람이 어째 없는 것 같네."

선생님께서 주신 5일이라는 시간이 훌쩍 지나가 버리고, 드디어 두 번째 반장 선거 날이 되었어.

그동안 선우의 필통이 없어진 사건을 비롯해서 우리 반 분위기는 어수선하기 그지없었지. 그래서 딱히 반장 후보로 나오겠다고 하는 사람도 없었어.

원래 첫 번째 반장 선거가 그렇게 되고 난 후 반 아이들은 은근히 민수를 반장 후보로 생각하고 있었는데, 선우 필통 사건으로 일이 이렇게 되어 버렸으니……. 아무튼 투표가 어떻게 진행될지 지켜보는 수밖에는 뾰족한 수가 없었어.

"자, 여러분. 지난 5일 동안 어떤 친구가 우리 반 리더가 되면 좋을지 잘 생각해 보았나요?"

반 아이들은 시큰둥한 표정으로 아무도 대답하지 않았어.

"지금부터 반장 선거를 시작하겠어요. 먼저 반장 후보자가 있어야겠지요? 지난번처럼 스스로 자신이 반장이 되고 싶은 사람이나 혹은 다른 친구를 반장으로 추천하고 싶은 사람이 있으면 손을 들고 말하도록 하세요."

"……."

우리 반은 조용하기만 했어. 나는 민수를 추천하고 싶었지만 반 분위기가 별로 좋지 않은 이 상황에서 괜히 내가 민수를 추천했다가 민수에게 상처만 주면 어쩌나 싶어서 망설이고 있었지.

"저요."

누군가가 기어 들어가는 목소리로 말했어. 바로 내 짝 선우였어.

"저는 민…… 민수를 우리 반 반…… 반장으로 추천합니다."

나는 깜짝 놀라고 말았지. 선생님도, 민수도, 반 아이들도 모두 한동안 아무 말 못하고 멍하니 선우만 바라보았어.

"아, 그래요. 선우 어린이. 음, 그렇다면 민수를 왜 추천하는지에 대해서도 이야기해야겠지요?"

선생님은 당황한 표정을 애써 감추시며 선거를 진행해 나가셨어.

"민수는요, 그러니까 민수는요……, 우리 반을 위해 자신을 희생할 줄 아는 친구예요. 그래서, 그래서 저는……."

그런데 더듬더듬 말을 이어 가던 선우가 갑자기 눈물을 흘리는
게 아니겠어?

"자, 천천히 말해 보세요. 천천히."

"사실은요, 저번에 잃어버린 필통은 그거 민수가 가져간 게 아니
었어요."

"어머어머!"

"웬일이니!"

"이게 무슨 소리야!"

반 전체가 술렁이는 가운데 선우가 말을 이어 갔지.

"제가요, 필통을 잃어버린 줄 알았던 그날에요……."

잃어버린 날이 아니라, 잃어버린 줄 알았던 날이라니. 나도 선우
의 말에 귀를 기울였지.

"수업을 마치고 집에 갔더니, 엄마가 너 오늘 왜 필통 안 가져갔
냐고…… 흑흑."

아, 그랬구나.

선우가 집에서 가져오지 않은 필통을 학교에서 잃어버렸다고 생
각했었던 거야.

"그래서 제가 다음 날 민수한테 말을 하려고 했는데요, 반 아이

들이 저한테 뭐라 그럴까 봐 무서워서…… 흑흑."

"그래, 알겠어요. 선우는 그만 울어요. 그리고 민수야."

"네?"

가만히 선우의 이야기를 듣고 있던 민수가 대답했어.

"너는 왜 네가 하지도 않은 일에 대해 네가 했다고 거짓말을 했지?"

"……."

민수는 아무 대답도 하지 않았어.

"어머, 민수 쟤 너무 멋지다."

"내가 그럴 줄 알았다니까!"

"민수 쟤가 원래 희생정신이 강해!"

반 아이들은 저마다 민수를 칭찬하기 시작했어.

"자, 알겠어요. 선우의 추천을 받아서 민수가 후보 1번이 되었어요. 그리고 민수야."

"네."

"민수 네가 어떤 마음으로 선우의 필통을 가져갔다고 말했는지는 선생님도 알 것 같구나. 하지만 거짓말을 하는 것은 옳지 못한 행동이란다. 알겠니?"

"네."

민수는 고개를 숙인 채 대답했어.

"그리고, 선우! 네가 무엇을 잘못했는지는 알겠지? 물건을 잘 찾아보지도 않고 친구를 의심한 것에 대해서는 선우 네 잘못이 커!"

"네."

선생님은 부드럽게 두 아이를 나무라셨고, 선우의 필통 분실 사건은 그렇게 작은 해프닝으로 끝이 났지.

"자, 또 반장 후보자로 나설 사람?"

"저요!"

"저요!"

필통 사건이 해프닝으로 끝나면서 우리 반은 다시 활기를 되찾았고, 민수를 포함하여 친구들의 추천을 받은 몇몇 아이들이 반장 후보가 되었지.

민수는 그저 뽑아 주면 열심히 하겠다는 말로 연설을 마쳤는데, 다른 아이들의 연설이 기가 막혔어. 킥킥.

"에헴! 그러니까 나, 김정민은 말이지."

민수 다음으로 나온 반장 후보 김 장군님이 교탁에 섰지. 이름이 김 장군님이냐고? 아니, 원래 이름은 김정민인데 우리 학교에서는 괴짜 김 장군님으로 통했어. 이 친구의 연설 내용을 들어 보면 그 이유를 알 수 있을 거야.

"에헴! 너희들 모두가 알고 있다시피 나는 위대하신 김유신 장군님의 후손으로, 우리 가문을 거슬러 올라가 말하자면 먼저 가야국의 시조인 김수로왕 이야기를 빼놓을 수가 없는데……."

김 장군님의 연설은 너무 길어서 끝까지 다 기억할 수도 없다. 킥킥.

"그 시대 당나라의 계략에 맞서 나라를 지켜 내셨던 김유신 장군님의 위대한 공적을 생각해 본다면, 그 후손인 나 김정민의 품성과 지도력은 두말할 나위가 없겠지?"

김 장군님은 아주 자신만만한 표정으로 김수로왕부터 시작하여 자기 가문의 이야기를 줄줄 풀어냈지. 물론 반 아이들은 대부분 킥킥거리며 웃기 바빴지만 말이야. 킥킥.

이어서 세 번째 후보자 주미희가 나와서 연설을 시작했어.

"길게 말하지 않겠어. 나는 말이지, 1학년 때부터 지금까지 줄곧 반장 자리를 놓친 적이 없어. 그 말은 무슨 뜻이겠니? 바로 내가 이미 리더십을 검증받은 인물이라는 거지! 그러니까 의심할 것 없이 나를 반장으로 뽑아 주었으면 좋겠어."

주미희의 자신만만한 연설이 끝나고, 마지막 후보자 진섭이가
나왔어. 진섭이는 앞의 친구들과 다르게 자신만만하기는커녕 오
히려 불쌍한 눈빛으로 친구들을 바라보았지.

"나는 유명한 조상의 몇 대손도 아니고, 반장을 해 본 적도 없어.

그런데…… 너희, 나 알지? 응? 알지?”

　진섭이는 매우 애절한 표정으로 반 아이들에게 호소했어.

　“우리 엄마는 내가 반장 한번 해 보는 게 소원이시래. 너희가 우
리 엄마 소원 좀 들어줘라. 응? 부탁한다, 친구들아!”

이렇게 해서 모든 후보자들의 연설이 끝나고 드디어 투표가 시작되었어!

김 장군님의 구구절절한 가문 이야기와 미희의 화려한 경력 자랑, 그리고 진섭이의 애절한 눈빛에도 불구하고 우리 반 반장으로는 바로 민수가 뽑히게 되었지.

"저, 쑥스러운데요, 아무튼 이렇게 뽑아 주셨으니 우리 반을 위해 열심히 봉사하는 반장이 되겠습니다. 그리고 우리 반을 서울초등학교 최고의 학급으로 만들겠습니다. 감사합니다."

민수의 멋진 당선 소감에 반 아이들은 모두 한마음으로 박수를 쳐 주었고, 그렇게 민수는 반장이 되었어.

하지만 처음부터 말도 많고 탈도 많았던 우리 반은 1학기 내내 그다지 순조롭게 운영되지 않았어. 왜냐하면 그건 바로…….

'카리스마' 라는 용어의 등장

'카리스마' 라는 용어가 맨 처음 사용된 것은 베버보다 조금 선배인 법학자 루돌프 좀(1841~1917)이 《교회법》이라는 저서에서 '원시기독교단' 을 소개하면서였습니다. 그러나 이 말을 이용해 지배의 형태에 이름을 붙이고 체계적인 이론을 전개한 사람은 막스 베버가 처음이었습니다. 그는 웅대한 사회과학 전집인 《사회경제학 강요》의 편집을 맡으면서 그중 한 권인 《경제와 사회》를 사망 전년까지 썼습니다. 카리스마에 대한 이야기는 이 책의 제3장 '지배의 유형' 편에 자세히 설명되어 있습니다.

대체로 카리스마는 대중을 자발적으로 추종하게 하는 초인적인 자질 또는 능력을 뜻합니다. 원래는 그리스도교 용어로 성령의 특별한 은총을 뜻하는 그리스어인 카리스마(karisma)에서 유래합니다. 아주 쉽게 표현하면 카리스마란 신이 주신 선물이라 할 수 있습니다. 그렇지만 범사(every thing)를 모두 포괄적으로 은총이라 여기며 감사하는 입장과 구별하기 위하여, 구체적으로 카리스마는 신으로부터 부

여받은 기적 실현, 영(靈)의 식별과 예언 능력, 나아가 지배자의 초자연적 · 초인간적 · 비일상적인 힘 따위를 일컫게 되었습니다.

이를 막스 베버가 지배의 세 가지 유형 중 하나로 제시하면서 널리 알려지게 되었습니다. 합리적 지배, 전통적 지배와 함께 제시된 카리스마적 지배는 예언자와 신자, 독재자와 추종자 같은 관계로 비유할 수 있습니다. 순수한 카리스마는 권위와 지배의 원천이 되며 사람들에 대해서 승인과 복종을 의무로 요구합니다. 이런 복종과 승인은 지도자가 행하는 기적에 의하여 강화됩니다. 이 지배 관계는 관료적 절차나 전통적 관습 또는 재정적 뒷받침에 의거하지 않고 오직 지도자 고유의 탁월한 능력에 대한 확신에만 근거하고 있습니다. 이리하여 특별한 능력이나 자질을 지닌 사람이 자신을 지도자로 내세워 그 권능을 신에게 받은 것처럼 행사하기도 하는데, 그런 카리스마적 지도자의 대표적인 예로 나폴레옹, 히틀러, 스탈린, 모택동 등을 들 수 있습니다.

위에서 제시한 세 가지 지배 유형을 국회의원 후보의 자기소개 내용으로 분류해 보면 다음과 같습니다.

이를테면 지역 토박이임을 내세운다거나, 전주 이씨 몇 대 종손임을 앞세우는 식의 소개는 권위의 근거를 전통에서 찾는 전통적 지배 유형입니다. 또한 출신 학교를 자세히 밝히고 변호사 등과 같은 공식적 자격을 우선시하는 후보는 권위의 근거를 합법적 제도에서 찾는 합리적(합법적) 지배 유형입니다.

반면에 카리스마적 지배 유형은 순수한 개체의 우수성과 능력을 앞세웁니다. 드문 경우긴 하지만 특별한 이력을 밝히지 않고 아무개라는 이름 석 자만을 내세우거나 개인적 비범성을 드러내는 업적만 간단히 열거하는 후보는 카리스마적 지배 유형에 속합니다. 카리스마가 아주 강한 지도자는 직위를 통해서 힘을 얻을 뿐만 아니라 자신의 능력으로 직위에 힘을 실어 줍니다.

한편 특정한 지역에서 어떤 유형의 후보자가 많은 지지를 받는지를 알아보면 그 지역이 어떤 지배 유형의 사회인가를 판단할 수도 있습니다.

더 이상 보이지 않는 민수

 책임과 권위는 동전의 양면과 같다. 권위가 없는 책임이란 있을 수 없으며 책임이 따르지 않는 권위도 있을 수 없다.

— 막스 베버

1 무엇이든 척척, 5학년 2반!

민수의 멋진 당선 소감처럼 민수가 반장이 된 후 우리 반은 다른 반에 비해 단연 두각을 나타내기 시작했어. 공부면 공부, 운동이면 운동, 합창이면 합창, 무엇이든 했다 하면 1등을 독차지했지.

민수가 반장이 된 후로 처음 있었던 행사는 바로 환경 미화 심사였어. 학기 초가 되어서 각 반마다 자기네 교실을 예쁘게 꾸미는 데 여념이 없었고, 3월 말에 있는 환경 미화 심사에서도 1등을 차지하려고 반마다 경쟁이 치열했지.

"얘들아! 드디어 우리 반의 실력을 보여 줄 때가 왔어! 우리 이
번 환경 미화 심사에서 꼭 1등 하자!"

민수 역시 우리 반을 1등으로 만들기 위해 힘썼어. 환경 미화 팀
을 구성하고 밤늦게까지 남아서 교실을 꾸몄지. 물론 힘들어하는
아이들도 있었지만, 그것이 다 우리 반을 위한 길이라고 생각하며
모두 잘 참아 냈고 우리는 결국 환경 미화 심사에서도 1등을 차지
했어.

"여러분 모두 고생 많았어요. 특히 반장인 민수가 수고 많이 했
어요."

선생님은 반장으로서 민수의 첫 활약에 대해 칭찬을 아끼지 않
으셨어.

"맞아요! 우리는 수업 끝나면 돌아가면서 한 번씩만 남았지만
민수는 하루도 빠짐없이 남아서 교실을 꾸몄어요!"

"민수 아니었으면 우리 반은 환경 미화 심사에서 1등 못했을 거
예요."

"역시 민수야!"

선생님을 비롯하여 우리 반 아이들은 모두 그 공로를 민수에게
넘기고 민수 덕분에 우리 반이 나날이 발전하고 있다며 고마

위했지.

"자, 그런데 여러분! 이를 어쩌죠? 환경 미화로 고생한 여러분이 미처 숨도 돌리기 전에 벌써 중간고사가 코앞으로 다가왔네요!"

"헉! 벌써요?"

"어휴……."

선생님의 칭찬에 기뻐하던 아이들은 금세 풀이 죽어서 한숨을 쉬었지. 선생님께서 말씀하셨듯이 환경 미화 심사를 마치고 나니 곧바로 중간고사가 다가왔고, 반 아이들은 대부분 환경 미화 준비 때문에 지쳐 있었지만 민수는 그런 아이들에게 또 다시 박차를 가했지.

"얘들아, 선생님 말씀 들었지?"

"응? 뭐?"

선생님이 나가시자 민수가 교탁으로 나와 아이들에게 말했어.

"중간고사 말이야."

"아, 들었지."

"우리 모두 조금만 힘내자! 우리가 교실 꾸미는 것만 잘하는 아이들이 아니라 공부도 잘하는 아이들이라는 걸 보여 줘야지. 그런 의미에서 이거 좀 한번 봐."

민수는 종이 한 장을 들어 보이며 말했어. 그것은 글씨가 빼곡히 적힌 계획표였어.

"자, 여길 봐. 여기에 나와 있듯이 앞으로 중간고사 때까지는 딱 8일의 시간이 남았어."

민수가 펼쳐 든 시간 계획표는 우리 반의 시험공부 계획표였어.

"오늘부터 중간고사 전날까지 우리 반은 수업 끝나고 모두 5시까지 남아서 공부를 하고 갈 거야. 이날과 이날은 사회를, 이날과 이날은 수학을, 또 이날은 총정리를……."

"반장! 너무 심한 거 아니야? 살려 줘!"

"환경 미화 때문에 쌓였던 피로도 아직 안 풀렸단 말이야. 아이고, 허리야!"

저마다 아이들은 장난 섞인 불만을 터뜨리기 시작했고, 민수는 아이들을 저지하며 말했어.

"이게 다 우리 반을 위한 길이야. 우리 반이 1등을 하면 우리 모두에게 기쁜 일이잖아? 나는 말이지, 이렇게 결정이 난 이상 학교에 남아서 공부하지 않는 사람은 우리 반을 사랑하지 않는 거라고 생각해. 그러니까 우리 반을 사랑한다면 모두 남아서 공부하고 가야 하는 게 맞겠지?"

민수는 그렇게 단호히 반 아이들에게 말했고, 그 의견에 찬성하는 아이들과 반대하는 아이들이 나타나기 시작했지.

"역시 민수는 카리스마가 있어. 반장은 모름지기 저렇게 추진력이 있어야 한다니까!"

"그래도 난 민수가 너무 자기 멋대로 해서 조금 힘들어. 5시까지 남지 않는다고 우리 반을 사랑하지 않는 건 아니잖아."

"그래도 민수만큼 우리 반을 위해 희생하는 애가 어디 있냐? 뭐 우리만 공부시키고 민수는 노냐? 다 같이 잘되자고 하는 건데 뭐!"

나는 반 아이들 사이에서 불만의 목소리가 나올 때마다 민수가 조금 걱정스러웠지만, 늘 우리 반을 위해 수고하는 민수에게 그런 내색을 하지는 않았어.

"자자! 마지막이야. 바로 내일이 시험이라고! 오늘까지만 고생하도록 하자!"

중간고사를 하루 앞두고 민수는 아이들을 재촉하였지만 아이들은 점점 지쳐 가기 시작했어.

"반장! 내일이 시험인데 오늘은 좀 일찍 들어가면 안 될까?"

중간고사를 하루 앞둔 날, 어떤 아이가 물었어.

"내일이 시험이니까 오늘은 더더욱 열심히 해야지!"

민수는 열심히 하자고 말할 뿐 요구를 들어주지 않았고, 그 아이는 더 이상 할 말이 없는 듯 아무런 대꾸도 하지 않았어.

이렇게 우리 반은 중간고사 마지막 날까지 최선을 다하여 공부하였고, 그리하여 5학년 전체에서 1등을 차지했지.

결국 우리 반은 5학년 사이에서 못하는 게 없는 반으로 통했고, 다들 그 이유가 반장을 잘 뽑은 덕이라며 민수를 칭찬했어. 물론 우리 반에서도 민수를 믿고 따르는 아이들은 많았어.

"역시 민수는 리더십이 있어!"

"그래! 우리 반은 뭐든 하기만 하면 1등이잖아!"

"2학기 때도 민수가 반장 하면 좋겠다!"

하지만! 그게 다가 아니었어. 점점 민수에게 불만이 있는 친구들도 많아지기 시작했지.

"매번 무슨 일이 있을 때마다 너무 늦게까지 남아야 하니까 힘들어."

"그런 건 반 아이들과 상의해서 같이 좀 정하면 좋을 텐데 늘 반장 혼자 정하는 것도 불만이야."

"우리 반이 뭐든지 1등을 하는 건 좋지만, 뭐든 자기 뜻대로만 하니까 기분 나빠. 민수는 너무 독단적이야!"

 이렇게 민수에 대한 반 아이들의 의견이 엇갈리고 있을 때, 결정적인 사건이 터지고 말았어.

2 민수를 설득해 보자!

어느 무더운 여름날이었어.

"여러분! 여러분이 기뻐할 소식입니다. 기말고사 날짜가 잡혔
어요."

"에이! 뭐예요! 우!"

"어? 그럼 금방 방학이겠네요? 아자!"

하하하!

선생님의 기말고사 이야기에 야유 소리가 넘치던 교실은 내 짝

꿍의 철없는 발언으로 금세 웃음바다가 되었어.

"하하, 그거 아주 긍정적인 생각이구나! 그렇지! 기말고사가 다가왔다고 슬퍼할 거 없어요. 기말고사를 본다는 건 이제 곧 방학을 한다는 소리와 같으니까. 하하!"

"에이! 그래도 시험은 싫어요."

한 아이가 투덜거렸어. 물론 나도 기말고사 걱정에 앞이 깜깜했지.

"부담 가질 것 없어요. 지난번 중간고사 때 여러분이 실력을 보여 줬던 것처럼 이번에도 여러분의 실력을 맘껏 보여 주면 되는 거예요!"

"지난번처럼 말이에요? 으악!"

아이들은 중간고사 때처럼 매일 늦게까지 남아서 공부할 생각을 하니 벌써부터 걱정이 되는 모양이었어. 아니나 다를까.

"자, 아직 일어서지 말고 내 말 좀 들어 봐."

선생님께서 조회를 마치고 나가시자마자 민수가 앞으로 나와 이야기를 시작했지.

"다들 짐작하고 있겠지만 이번에도 역시 중간고사 때처럼 다 같이 학교에 남아서 공부할 거야. 아니, 중간고사 때보다 더 늦게까지 할 예정이야."

"왜? 그때도 얼마나 힘들었는데!"

"그래, 반장! 집에 일찍 가서 쉬고 싶은 날도 있다고."

"나는 집에서 해야 공부가 더 잘되는 것 같아!"

아이들은 저마다 불만을 터뜨리기 시작했어.

"너희들 못 들었어? 지난번에 우리 반이 1등을 하긴 했지만 4반 평균 점수가 우리랑 0.2점밖에 차이가 나지 않았다고. 또 얼마 전에 4반에 엄청 공부 잘하는 애가 전학 온 거, 너희 몰라서 그래?"

"……"

아이들은 아무 대답도 하지 못했지만 모두 불쾌한 표정이었어.

"아무튼! 바로 오늘부터 수업을 마치고 모두 남아야 하니까 그런 줄 알아! 이게 다 우리 반을 위한 길이니까 불만 갖지 않았으면 좋겠어."

민수는 아이들에게 단호하게 의견을 전달하고 내려와 자리에 앉았어.

"동현아."

내 뒤에 앉은 경석이가 소곤거리며 내게 말을 걸었어.

"네가 우리 반에서 민수랑 가장 친하지?"

"그런가?"

"그래서 말인데 내가 너에게 중대한 임무를 맡기겠어!"

경석이는 마치 첩보 요원이라도 된 듯 누가 들을 새라 작은 목소리로 속삭이듯 말했어.

"임무? 그게 뭐야?"

"그러니까 그게 말이지, 네가 민수한테 어떻게 말 좀 잘 해 줘라."

경석이는 갑자기 불쌍한 표정을 지으며 내게 말했어.

"응? 뭘?"

"야, 우리 아주 죽겠어. 바로 며칠 전까지는 체육 대회다 뭐다 해서 해가 질 때까지 운동장에서 달리기를 하게 하더니, 이제 또 기말고사니까 남으라고? 헉헉, 나 죽어!"

경석이는 숨이 막힌다는 듯한 표정을 지었지.

"네가 직접 민수한테 말해 봐."

"야, 왜 말을 안 해 봤겠냐? 말도 마, 말도 마."

경석이는 고개를 절레절레 흔들었어.

"왜?"

"민수는 이게 다 우리 반이 잘되자고 그러는 거니까 자기 말에 반대하는 사람은 우리 반을 사랑하지 않는 사람이라고 생각하겠대. 대체 이게 뭐냐고요!"

내 앞에 두 손바닥을 내밀어 흔드는 경석이를 보면서 나도 경석이의 마음을 알 것 같았어.

"동현아, 이건 나 혼자만의 생각이 아니야. 우리 반 대부분의 아이들도 아주 죽을 맛이라고 생각해! 솔직히 너도 민수랑 친하니까 아무 말 못하고 있는 거지? 사실은 너도 민수가 좀 심하다고 생각하잖아."

"아니, 나는 민수 말처럼 민수가 우리 반을 사랑하기 때문에 그러는 거라고 생각해. 민수 덕분에 우리 반이 모범 반이 되었다고 좋아하는 애들도 많아."

"애 뭐야!"

경석이는 장난스럽게 유행어를 따라 하며 고개를 흔들었지.

"아무튼 네가 민수를 진짜로 아낀다면 민수가 우리 반 아이들에게 더 미움을 받기 전에 잘 설득하는 게 좋을 거야. 그러니까, 내 말은…… 부탁한다! 친구!"

경석이는 고개를 푹 숙이며 내 손을 붙잡았어.

"알았어. 일단 말은 해 볼게."

사실 경석이가 말한 것처럼 우리 반 아이들 사이에서 민수에 대한 불만의 목소리가 높아지고 있다는 사실은 나도 알고 있었어. 하지만 민수가 반장이 된 후 우리 반이 확 달라졌다고 좋아하는 애들도 많았기 때문에 별일이 아니라고 생각했지.

그런데 경석이의 이야기를 듣고 나니 이제는 민수도 이러한 상황을 알아야 할 것 같다는 생각이 들었어.

"민수야! 우리 매점 가자!"

내가 말했어.

"그래!"

민수는 늘 그랬듯 웃는 얼굴로 대답했어. 나는 민수에게, 민수의 열정이 정작 반 아이들을 힘들게 하고 있다는 것을 조심스럽게 말해 주기로 마음먹었어.

"민수야, 있지⋯⋯."

"응, 말해."

매점 가는 길에 내가 입을 열었어.

"우리 매일 저녁까지 남아서 공부하는 것 말이야."

"응."

"몇 시까지 남아서 공부를 하고 싶은지 반 아이들에게 물어봐서 시간을 정하는 건 어떨까? 아니면 남고 싶은 사람만 남아서 공부를 하도록 하거나……."

나는 조심스럽게 민수에게 내 의견을 말했어. 사실 그건 반 아이들 전체의 의견이기도 했어.

"야, 너 우리 반 아이들 몰라서 그래? 그렇게 되면 어떤 아이들이 남아서 공부를 하려고 하겠냐? 그나마 내가 지금 이렇게 억지로라도 공부를 하게 하니까 우리 반이 지난번에 1등도 할 수 있었던 거 아니겠어?"

"하지만 꼭 1등이 중요한 건 아니잖아?"

내가 조용히 물었어.

"무슨 소리! 우리 반이 얼마나 환경 미화를 잘하는지, 얼마나 체육을 잘하는지, 얼마나 합창을 잘하는지를 뽐낼 수 있는 방법은 등수뿐이야. 생각해 봐. 우리 반이 아무리 공부를 잘한다 해도 1등을 못하면 그건 아무 쓸모가 없는 거라고!"

민수는 자신 있게 자신의 생각을 내게 말했어.

"음, 민수 네 말도 이해가 돼. 하지만 1등을 하더라도 점점 반 아이들 사이에 불만이 많아지고, 반 아이들이 너무 힘들어한다면 그건 좀……."

나는 은근히 요즘 우리 반 분위기에 대해 민수에게 전해 주려 했어.

"왜? 누가 불만 있대? 누군데?"

"아니, 누가 꼭 그렇다는 건 아니고……."

나는 민수의 질문에 당황한 나머지 말끝을 흐리고 말았지.

"그러니까 민수야, 내 말은……."

"다 우리 반이 잘되자고 하는 일이야. 모르겠어?"

민수는 내 말을 자르고 말했어.

"알지, 알아. 하지만 반 아이들이 너무 힘들어하면……."

"네 말처럼 불만을 가진 사람이 있다면 그건 그 애한테 우리 반을 사랑하는 마음이 없기 때문이야."

민수는 또 내 말을 자르고 자신의 이야기를 했어.

"동현아, 난 그렇게 생각해. 정말 우리 반을 사랑한다면 자신의 작은 불만쯤은 감수하고 학급의 일에 따라야 한다고 말이야."

민수는 지금 불만을 가지고 있는 사람이 반 아이들 거의 대부분이라는 사실을 모르는 것 같았어.

"하지만 민수야, 만약 우리 반 아이들의 대부분이 불만을 가지고 있다면?"

"그건 어디까지나 '만약' 이고. 물론 불만을 가진 아이들이 없진 않겠지만, 우리 반이 1등을 해 보자는데 싫어할 사람이 어디 있겠어? 난 그렇게 생각해."

"나는 네가 한 사람, 한 사람의 의견도 소중하게 생각해 주었으면 좋겠어."

"그럴 수 있다면 얼마나 좋겠니? 하지만 그렇게 되면 우리 반은 아무것도 못하고 무슨 일에서든 꼴찌를 하게 될 걸? 전체를 위해서 몇몇 사람들의 불만은 그냥 못 들은 체 넘어갈 필요도 있는 거야."

"휴, 그래……."

결국 난 민수를 설득시키기는커녕 민수의 이야기만 잔뜩 듣고 마는 꼴이 되었지 뭐야.

우리 반을 사랑하는 마음으로 애쓰고 있는 민수의 말도 이해 못 하는 건 아니지만, 민수가 우리 반이 잘되는 길만을 생각하다 보니 아이들의 작은 의견에는 점차 귀 기울이지 않는 것 같아 안타까웠어. 민수가 어서 빨리 예전처럼 반 아이들에게 인정받는 반장의 모습으로 돌아가야 할 텐데…….

3 커닝 페이퍼라고?

기말고사를 앞두고 민수의 강압적인 행동은 계속되었어.

"어제 남지 않았던 다섯 명은 오늘 교실 청소를 하도록 해. 우리 반을 위한 일에 이렇게 한두 명씩 빠지기 시작하면 우리 반은 어떻게 되겠니? 잘 생각해서 오늘은 한 명도 빠지는 일이 없도록 해 줬으면 좋겠어."

"휴."

여기저기서 한숨 소리가 들렸지만 민수는 의견을 굽히지 않았어.

"나만 좋자고 하는 일이 아니잖아! 다 5학년 2반, 바로 우리 모
두의 반이 잘되길 바라는 마음에서 이러는 거니까 다들 조금만 더
힘내서 1학기를 멋지게 마무리했으면 좋겠어. 알겠지?"

"……."

반 아이들에게 힘을 주려는 민수의 말에도 아이들은 별 반응이
없었어.

"쳇! 우리 모두의 반? 다 자기 멋대로 하면서 뭘!"

"맞아! 우리 반이 늘 1등 하는 게 반장 덕이라고 여기저기서 민
수를 치켜세우니까 쟤가 그 맛에 저러는 거야! 또 칭찬받고 싶어
서 말이야."

민수가 나가자 반 아이들은 저마다 삼삼오오 모여서 숙덕거리기 시작했어.

"그런 게 아니야."

내가 끼어들어서 말했어.

"지금 너희가 불만이 많은 건 이해하겠는데 민수가 그런 마음에서 우리들에게 이러는 건 아니라고. 물론 열정이 지나쳐서 우리를 힘들게 하는 면도 조금은 있지만 마음만은 정말 우리 반이 잘되길 바라고 있어."

"앤 또 뭐야, 민수랑 친하다고 민수 펀드는 거야?"

"뭘, 동현이 말도 틀리진 않지."

옆에 있던 선우가 거들었어.

"선우 넌 또 왜 그래? 별꼴이야, 정말!"

아직도 민수를 믿고 따르는 아이들이 없지는 않았지만 민수에 대한 불만이 많아지고 있는 건 사실이었어.

기말고사를 하루 앞둔 날 오후였어.

우리는 수업을 마치고 모두 시험공부를 하고 있었지. 사실 대부분의 아이들은 의자에 앉아 있는 것뿐이지 공부를 하지는 않았어. 그래도 중간고사 때는 민수의 의견에 따라 열심히 공부하는 애들이 많았는데, 기말고사를 앞두고는 점점 민수에 대한 불만이 커져서인지 대부분 집에 갈 시간만을 기다리고 있었지.

"오늘은 쪽지 시험을 볼 거야. 바로 내일이 시험이니까 진짜 시험이라고 생각하고 최선을 다해 주길 바란다."

민수는 준비해 온 시험지를 나누어 줬어. 대부분의 아이들은 건성건성 문제를 풀고 민수에게 제출했지. 그런데 시험지를 채점하던 민수가 갑자기 화를 내는 게 아니겠어?

"너희, 이게 뭐니? 정말 너무하는 거 아니야? 우리가 그동안 남아서 공부한 시간이 얼만데 50점도 못 맞은 사람이 절반이라니……. 시험이 바로 내일인데!"

민수는 인상을 찌푸리며 한참을 말없이 생각에 잠겨 있었어. 아이들은 대부분 그런 민수를 신경 쓰지 않고 제 할 일을 하고 있었지.

"도저히 안 되겠다. 지금부터 공부를 한다고 해도 한계가 있고, 그렇다면……."

민수가 이어서 무슨 말을 할지 궁금한 마음에 아이들은 고개를 들어 민수를 쳐다보았어.

"커닝 페이퍼를 만들어야겠어!"

"뭐?"

"뭐라고?"

커, 커닝 페이퍼라니! 반 아이들은 모두 자기 귀를 의심하며 민수를 쳐다보았지.

"민수야, 그건 안 돼!"

나는 자리에서 일어나 민수에게 말했지.

"그럼 지금 무슨 다른 방법이 있어?"

"방법이라고 해 봤자 지금부터 열심히 공부하는 것뿐이겠지만, 그래도 커닝 페이퍼는……."

"그렇지? 동현이 네가 말한 대로 지금은 별다른 방법이 없어. 그러니까 우리 모두 힘을 모아야 해!"

나는 민수를 이해할 수 없었지만, 그렇다고 더 이상 민수를 말릴 수 있는 방법도 찾지 못했어.

"야, 반장! 정말 너무한 거 아냐? 그까짓 1등 그냥 안 하면 되잖아!"

한 아이가 불만을 터뜨렸어.

"그건 아니지. 그까짓 1등이라니! 너 지금 우리 반이 여태껏 쌓아 온 것을 모두 포기하자는 거야?"

민수는 여전히 당당하기만 했어.

"불만이 있는 사람은 안 해도 좋아. 그래 봤자 자기 성적이 떨어지는 것이니까! 하지만 낮은 성적을 받는 것은 다른 친구들에게 미안하게 생각해야 할 문제이기도 해. 자기 때문에 반 평균이 떨어지는 걸 생각해 보라고!"

"……."

아이들은 화가 났지만 민수의 말에 아무런 대꾸도 하지 못했어.

"커닝 페이퍼는 내가 만들도록 할게. 시험에 나올 것 같은 문제들로만 만들어서 내일 아침에 하나씩 나누어 줄 테니 다들 시험 시간에 알아서 조심히 보도록 해."

"난 싫어!"

"그래, 난 그냥 성적 떨어지고 말래!"

몇몇 아이들이 민수의 말에 반항했지만 민수는 대꾸도 않은 채 자리로 돌아가 버렸어.

"민수야."

나는 민수 귀에 대고 속삭였지.

"응?"

민수는 아이들의 쪽지 시험 결과 때문에 아직 기분이 좋지 않은 모양이었어.

"그건 좀 심한 것 같아."

"뭐가?"

"커닝 페이퍼 말이야. 그건 누가 봐도 옳지 못한 행동이야."

"너도 하기 싫으면 말아. 우리 반이 1등을 하자는 게 옳지 못한 거니?"

민수는 날카로운 말투로 내게 말했어.

"민수야, 내 말은 1등을 하자는 게 옳지 못하다는 게 아니라 시험을 보는 데 부정행위를 하는 건⋯⋯."

"그러니까 하기 싫으면 말라잖아!"

민수는 대뜸 내게 화를 내며 말했어. 난 더 이상 민수를 말릴 수가 없었지. 도대체 무엇이 민수를 이렇게 변하게 한 것인지 나는 너무 속이 상했어.

다음 날 아침이 되었어.

나는 전날 민수 때문에 속상해서 시험공부를 많이 하지 못했었어. 그래서 일부러 평소보다 일찍 학교에 갔지. 시험 보기 전에 조금이라도 공부를 더 하기 위해서 말이야.

학교에 도착해 보니 역시 운동장이나 복도에는 아무도 보이지 않았어. 나는 당연히 내가 1등으로 교실에 도착했을 거라는 생각을 하며 교실 문을 열었지.

"헉, 깜짝이야. 동현이구나?"

그런데 민수가 벌써 교실에 있는 게 아니겠어?

"어? 일찍 왔네?"

나는 뜻밖에 민수가 있어서 반갑기도 했지만 요즘 민수의 태도가 너무 미워서 시큰둥하게 인사했지.

"동현아, 너까지 왜 그래? 내가 그렇게 미워?"

민수가 물었어.

"사실 나는 요새 너의 행동을 이해할 수 없을 때가 많아. 그게 아무리 우리 반을 사랑하는 마음에서 비롯된 것들이라고 해도 옳지 못한 건 옳지 못한 거야."

"너까지 그러면 내가 속상하잖아."

민수의 애절한 표정에 나는 잠시 나의 쌀쌀맞은 태도를 후회할 뻔했지만, 웬걸! 책상 서랍에 손을 넣어 보고는 깜짝 놀라고 말았지 뭐야. 민수가 이 시간부터 학교에 온 이유가 이것이었다니.

"야, 김민수! 너 정말 너무한다!"

나는 내 서랍에 있는 커닝 페이퍼를 꺼내서 마구 구겨 버렸어.

"동현아, 이게 다 우리 반을 위한 길이라니까 도대체 왜 이해를 못하는 거야?"

민수는 답답한 표정으로 내게 말했어.

나는 너무 화가 났어. 민수가 모든 아이들의 책상 서랍에 커닝 페이퍼를 넣어 놓은 거야.

곧이어 반 아이들이 하나 둘씩 들어오기 시작했어. 아이들 중에는 나처럼 커닝 페이퍼를 구겨 버리는 아이들도 있었고 말없이 그 종이를 들여다보는 아이들도 있었지.

그리고 잠시 후, 마침내 시험이 시작되었어.

4 기말고사

딩동댕동.

"자 여러분, 드디어 기말고사 첫 번째 시험 시간이 되었습니다. 여러분의 실력을 뽐낼 때가 되었네요."

선생님은 기대에 찬 표정으로 우리를 바라보셨지만 우리는 아무도 고개를 들지 못했어.

"다들 시험공부를 너무 많이 해서 피곤해 보이네요."

선생님은 우리를 바라보시며 기특해하셨어.

"이제 시험지를 나누어 줄 텐데 굳이 선생님이 얘기하지 않아도 다들 양심껏 문제를 풀 거라고 믿어요. 자신의 시험지만 쳐다보고 문제를 풀어야 해요! 모두 잘 알겠지요?"

"……."

물론 아이들은 아무런 대답도 하지 못했지.

우리는 시험지를 받아 들었어. 과연 그 커닝 페이퍼를 꺼내 본 사람이 몇이나 될지는 모르겠지만 우리는 별 탈 없이 시험을 보았고, 이제 마지막 한 시간만을 남겨 두고 있었지.

그런데! 드디어 일이 터지고 말았어. 마지막 사회 시험 시간이 끝나 갈 즈음이었는데 갑자기 선생님께서 소리치시는 거야.

"거기, 박명진!"

선생님은 맨 뒤에 앉아 있는 명진이를 부르셨어. 우리는 모두 두근거리는 마음으로 고개를 들었지.

"혹시 시험지 말고 다른 종이를 보고 있었나요?"

선생님은 차분하게 물으셨어.

"네? 아, 아니…… 아니요……."

명진이는 얼굴이 시뻘개져서 더듬더듬 대답했어.

"선생님이 잘못 보았나요? 선생님은 명진이가 서랍에서 무언가를 꺼내는 걸 본 것 같은데……."

선생님은 점점 명진이 쪽으로 걸어가시며 말씀하셨어.

"아, 아니에요! 아니에요!"

명진이는 마구 손을 내저으며 말했어. 하지만 너무 당황한 나머지 눈물을 글썽였어.

"그럼 선생님이 잠깐 서랍 좀 봐도 될까요? 물론 선생님이 잘못 본 것일 수도 있어요."

"아, 안 돼요!"

명진이는 깜짝 놀라며 몸으로 서랍을 가렸어.

"음, 그럼 선생님이 명진이를 부정행위 한 것으로 간주해도 되겠어요?"

선생님의 말씀에 명진이는 체념한 듯 의자를 뒤로 뺐고 선생님은 명진의 서랍에서 커닝 페이퍼를 꺼내셨지. 민수가 만든 것 말이야.

"이게 뭐지요? 선생님 생각에는 아까 명진이가 이걸 꺼내 본 것 같은데."

선생님은 그 종이에 쓰인 내용을 훑어보시며 말씀하셨어.

"아주 작은 글씨로 빽빽하게 정리가 되어 있네요. 이게 뭐지요?"

"……."

명진이는 눈물만 뚝뚝 흘릴 뿐 아무 말도 하지 않았어.

"아무래도 시험 시간에 보기 위해 일부러 만든 것 같은데. 교칙은 교칙이니까 명진이의 이번 시험 성적은 0점으로 처리하겠어요."

선생님은 굳은 표정으로 말씀하셨어.

"명진이는 이따가 선생님을 따라오도록 하고 다른 친구들은 계속 문제를 풀도록 하세요."

"잘, 잘못했어요. 선생님, 한 번만 봐 주세요, 엉엉!"

명진이는 울며불며 선생님께 매달렸어.

"교칙은 그 어떤 사람에게도 예외일 수 없어요. 나라의 법도 그렇지 않은가요?"

"선생님!"

반대편에서 누군가의 목소리가 들려왔어. 유독 민수를 싫어하던 수철이였어.

"그거 명진이가 만든 거 아니에요."

그러자 반 아이들은 술렁이기 시작했지. 얼핏 본 민수의 표정도 굳어 가고 있었어.

"그게 무슨 소리지? 명진이도 자신의 잘못을 인정했는데 왜 잘못을 다른 사람에게 미루려고 하죠?"

선생님은 수철이에게 자리에 앉아 시험 문제를 계속 풀라고 하셨지만 수철이는 이야기를 계속 했지.

"그거 김민수가 만든 거예요! 여기 보세요. 여기에도 있다고요!"

수철이는 자신의 서랍에서 찢어진 커닝 페이퍼를 꺼내며 말했어.

"도대체 이게 무슨 소리예요? 이 종이가 왜 수철이에게도 있으며, 그걸 민수가 만들었다는 소리는 또……"

"맞아요! 김민수가 그랬어요!"

"우리는 안 한다고 했는데 김민수가 억지로 하자고 했어요!"

"쟤는 항상 그래요!"

선생님의 말씀이 끝나기도 전에 여기저기서 아이들이 입을 열기 시작했어. 나는 아무 말 없이 민수를 쳐다보았지만 민수는 아무런 움직임 없이 앉아 있었지.

"다들 조용히 하세요!"

선생님은 무섭게 말씀하셨어.

"다들 조용히 하고 당사자인 명진이가 말을 해 보세요."

선생님은 명진이를 쳐다보셨고, 명진이는 울음을 참으며 입을 열었어.

"사실은요, 그걸…… 민수가 만들어서 우리 반 아이들한테 다 나눠 줬어요, 훌쩍."

"맞아요! 이거예요."

"여기도 있어요!"

"여기도요!"

아이들은 저마다 서랍에서 구겨지고 찢어진 커닝 페이퍼를 꺼내 들고 말했지.

"무슨 말인지 알겠으니까 다들 조용히 하도록 하세요."

선생님은 놀란 마음을 추스르시며 말씀하셨어.

"김민수."

"네."

민수는 아무런 표정의 변화도 없이 선생님의 부름에 대답했어.

"이 모든 이야기가 사실인가요?"

"네……."

"그것 보세요. 쟤가 그런 게 맞잖아요."

"민수 쟤는 원래 저렇게 제멋대로예요!"

"1등에 목숨을 건 애라고요!"

민수의 대답과 동시에 아이들은 민수를 비난했어.

"모두 조용히 하세요! 김민수, 왜 이런 일을 했지?"

선생님은 명진이의 서랍에서 나온 종이를 가리키며 말씀하셨어.

"우리 반이 이번 시험에서도 꼭 1등을 했으면 좋겠는데, 아이들이 공부를 안 해서요."

민수는 고개를 푹 숙인 채로 대답했어. 나는 그런 민수가 너무 안타까웠어. 민수의 마음은 그게 아니었는데 어쨌든 잘못된 판단으로 일이 이렇게 되어 버렸으니 말이야.

"그랬군요. 하지만 민수의 의도가 어떠했든 간에 이런 걸 만들어서 반 아이들에게 나누어 준 것은 매우 옳지 못한 행동이에요. 선생님은 우리 반에서 이런 일이 일어났다는 것에 대해 매우 유감이에요. 더군다나 우리 반 반장이……, 휴."

선생님은 더 이상 말을 잇지 못하시고 깊은 한숨을 내쉬셨지.

"민수는 반 아이들의 의견을 물어서 이런 걸 만든 건가요?"

"아니요……."

민수는 선생님의 질문에 솔직하게 대답했어.

"그럼 반대하는 학생도 있었겠네요?"

"네."

"음, 민수야."

선생님은 차분한 목소리로 민수의 눈을 바라보며 말씀하셨어.

"리더가 갖추어야 할 가장 중요한 덕목은 바로 도덕성이란다. 리더는 도덕적이며 올바른 목적을 가지고 있어야 하지. 더욱 중요한 건 그 목적을 이루는 과정에서도 도덕성을 잃으면 안 된다는 거야. 또 리더십이 있는 사람이 되기 위해서는 자유로운 대화와 비판을 받아들일 수 있는 개방적인 가치관을 지니고 있어야 해. 거기서 진정한 카리스마가 나오는 것이지. 그런데 민수야, 과연 한 학기 동안 친구들에게 비쳐진 너의 모습이 그랬을까?"

"……."

민수는 아무 대답도 하지 않았어.

선생님이 이번에는 반 아이들에게 말씀하셨지.

"여러분, 이번에 민수가 한 일은 학교 교칙에 따라 처벌을 받게 될 거예요."

일이 이렇게 커질 줄은 몰랐는데 아이들도 처벌을 받는다는 말에는 모두 놀란 듯했어. 오히려 민수는 담담한 표정이었지.

"민수는 분명 옳지 못한 판단으로 하지 말아야 할 일을 저질렀어요. 하지만 민수가 왜 이런 일을 했는지 그 마음을 안다면 여러분은 민수를 비난하기보다는 같은 반 친구로서 감싸 주었으면 좋겠어요. 선생님은 민수를 포함해서 여러분이 아직 진정한 카리스마가 무엇인지에 대해 잘 모르기 때문에 이런 일이 벌어졌다고 생각해요. 또 아직 배우며 자라는 과정에 있는 여러분이 이번 일을 통해 더욱 성숙해져서 언젠가는 모두가 훌륭한 리더가 될 수 있을 것이라고 믿고요."

그 후 우리 반은 커닝 페이퍼 사건으로 기말고사를 한 번 더 보게 되었어. 그리고 민수는 교칙에 따라 더 이상 반장을 할 수 없게 되었지. 여름방학 때까지 우리는 민수의 목소리를 거의 들을 수가 없었어. 반 아이들은 선생님 말씀대로 더 이상 민수를 비난하지 않았어. 하지만 민수는 학교에 있을 때 거의 아무 말도 하지 않았어. 가장 친한 나에게조차 말이야. 민수는 우리 반을 향한 자신의 마음이 결국 우리 반 전체를 곤란하게 했다는 사실 때문에 힘들어했던 것 같아. 반 아이들의 마음을 몰라줬던 것에 대해서도 후회하는 것 같았고 말이야.

우리는 곧 여름방학을 맞이했고, 방학 동안에도 나는 민수를 만날 수 없었어. 민수가 이사를 갔다는 소문만 들었을 뿐. 나는 개학식 날에도 제일 먼저 민수를 찾아봤지만 더 이상 우리 반 교실에서 민수를 볼 수 없었어.

"여러분, 민수가 전학을 가게 되었어요. 여러분에게 미처 인사하지 못하고 떠나게 된 것에 대해 아쉬워하면서 민수가 편지를 썼는데……. 자, 동현이가 한번 나와서 읽어 보세요."

나는 민수가 전학을 갔다는 소식에 눈물이 핑 돌았어. 민수가 얼마나 슬픈 마음으로 전학을 갔을까, 하는 생각 때문에 말이야.

"5학년 2반 친구들에게. 먼저 너희에게 미안하다는 말을 하고 싶어. 한 학기 동안 나 때문에 너희가 많이 힘들었다는 거, 한 학기가 끝난 지금에서야 알게 되었어. 나는 정말 잘해 보고 싶어서 그런 거였는데 내 욕심이 지나쳤나 봐. 또 잘해 보기 위한 방법도 옳지 못했던 것 같고……."

나는 눈물을 겨우 참아 가며 민수의 편지를 읽어 내려갔지.

"다시 만날 수 있을지 모르겠지만, 그때까지 모두 건강하렴. 안녕. 민수가."

편지를 읽고 고개를 들어 보니 반 아이들도 모두 숙연한 모습이었어. 민수가 떠난 것을 기뻐하는 아이는 한 명도 없었어. 우리는 그렇게 민수를 떠나보냈고, 새로운 2학기가 시작되었지.

우리 반은 또다시 반장이 없는 상태가 되어 버렸지만, 1학기 초

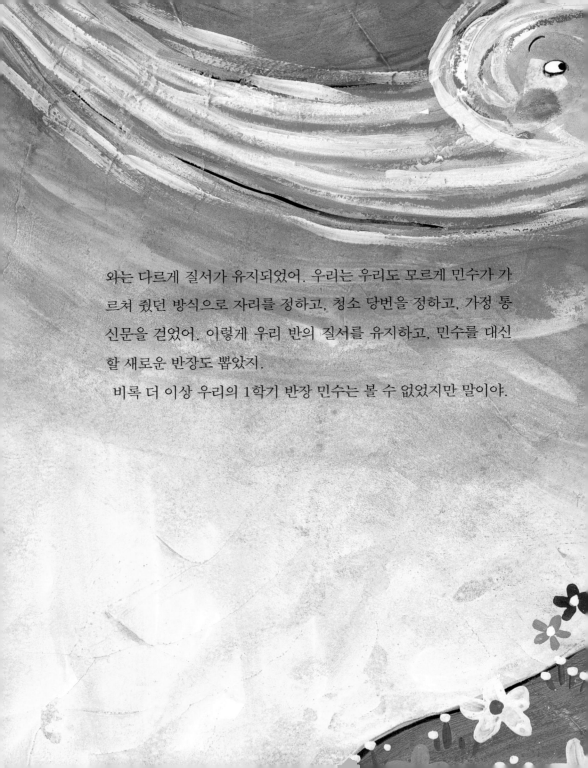

와는 다르게 질서가 유지되었어. 우리는 우리도 모르게 민수가 가르쳐 줬던 방식으로 자리를 정하고, 청소 당번을 정하고, 가정 통신문을 걷었어. 이렇게 우리 반의 질서를 유지하고, 민수를 대신할 새로운 반장도 뽑았지.

비록 더 이상 우리의 1학기 반장 민수는 볼 수 없었지만 말이야.

카리스마적 지배 유형과
카리스마의 의미 및 사회적 기능

카리스마적 지배 유형

　카리스마적 지배 유형은 가장 오래된 역사를 가지고 있는 지배 유형으로, 원시종교의 지도자들에게서 주로 발견됩니다. 종교적 신비에 가까운 자발적 추종과 존경심에만 의존하는 것이 카리스마적 지배이기 때문에 국가와 거대사회를 통치하는 지배 근거로 삼기에는 부적절한 것이 사실입니다. 그래서 실제로 국가 지배 유형의 역사에서 전통적 지배를 거쳐 합리적 지배 형태인 관료제로 넘어온 것입니다.

　카리스마적 지배가 거대사회의 지배 유형에서 일찍부터 배제된 이유는 무엇보다 지도자에 대한 자발적 추종과 존경에 의존하는 근거의 불안정성 때문입니다. 왜냐하면 카리스마적 지배에서는 지도자 개인의 실패가 추종 집단 전체의 해체로 이어지기 때문에 개인의 불안정성이 곧 집단 전체의 불안정성인 것입니다. 더구나 지도자에 대한 전폭적인 신뢰와 헌신의 관계에서만 성립하는 이 지배 관계는 관료적 절차나 전통적 관습 또는 재정적 뒷받침을 받지 못합니다. 구조

적으로나 재정적으로 불안정한 관계인 것입니다. 또한 복종자의 추종과 존경의 원천인 카리스마가 얼마 동안 증명되지 않을 경우 카리스마적 권위는 땅에 떨어지고 지도자는 비참한 길을 걷게 됩니다. 이와 같은 이유로 해서 카리스마적 지배는 거대사회의 지배 유형에서 일찍부터 배제된 것입니다.

본문에서 반장 민수가 보여 준 시험 준비 방법은 카리스마적 지배의 유일한 원천인 반 아이들의 추종이 따르지 않음으로써 그 불안정성이 드러난 예입니다. 그리하여 결국 카리스마적 권위가 떨어진 반장 민수가 전학을 가게 되는 사태로까지 이어지게 되었지요.

그러나 카리스마가 유효하게 작용하는 한 우회적 절차를 필요로 하지 않는 지배 유형이기 때문에 카리스마적 지배는 위기 상황이나 혁명적 상황에 걸맞은 지배 유형이라고 할 수도 있습니다.

이처럼 긍정적인 면도 있는 카리스마적 지배의 양면성을 일찍부터 간파한 사람이 바로 막스 베버입니다. 특히 경직된 관료제로 상징되는 합리적 지배 유형의 한계를 극복하기 위해서는 지도자의 비범하고 성스럽기까지 한 개인적 자질과 능력, 즉 카리스마에 의존하는 '비합리적', '초법적' 지배 유형을 필요로 한다고 보았습니다.

베버가 살았던 1900년 전후와는 시대 상황이 많이 다른 요즘, 다시 카리스마라는 용어를 부쩍 많이 듣게 된 것은 합리성의 한계를 자주

접하는 현대의 상황을 반영하는 것이기도 합니다.

그러나 현대에 들어 카리스마의 의미 자체가 사뭇 변하기도 했습니다. 카리스마라는 단어가 나타내는 의미가 합리적으로 설명이 불가능한 매력 정도의 의미로 축소되고 변질되었으며 세속화되었습니다. 그 부분도 베버가 예견하였던 바, '카리스마의 일상화' 과정으로 설명하고 있습니다. 무엇보다 두드러진 변화는 선천적이고 천부적인 성격의 카리스마가 후천적으로 획득될 수 있다는 발상입니다. 성형술의 발달은 그 지엽적인 한 단면으로 해석됩니다.

변화된 카리스마의 의미를 전체적으로 요약하면 다음과 같습니다.

카리스마의 의미 변천 과정

1. 카리스마의 최초의 의미: 위임받은 신적 권능으로서 신학적 의미. 인간의 자질일 수 없음.

2. 카리스마의 두 번째 의미: 최고 통치자의 초법적 권능으로서 정치적 의미. 통제·억압과 개혁·해방이라는 양면성을 다 갖고 있음.

3. 카리스마의 세 번째 의미: 아우라(영기)를 지니고 생산하는 재능으로서 문화적 의미.

4. 카리스마의 현대적 의미

(1) 선천적 요소: 상식적으로 설명이 불가능한 능력(특히 지도력)과

자발적 추종을 유발하는 매력으로서 오늘날 대중으로부터 선망의 대상이 되고 있는 의미.
  (2) 후천적 요소: 학습과 습득이 가능한 긍정적 측면과, 조작되는 이미지라는 부정적 측면.

카리스마의 사회적 기능
  1. 모든 분야의 정점에 있는 인물만이 지닌 긍정적 능력으로서 지도·통합적 기능이 있음.
  2. 모든 분야의 정점에 있는 인물만이 지닌 부정적 능력으로서 억압·지배의 기능이 있음.
  3. 특히 비상 상황에서 초법적·개혁적 지배에 대한 정당성을 부여하는 기능이 있음.
  4. 전통의 폐단에 저항하고 거스르는 개혁적 성격의 기능이 있음.
  5. 오늘날에는 매스미디어를 통한 정보 조작에 의하여 지배의 정당화를 꾀하는 유사 카리스마를 만들도록 부추기는 경향이 있음.

에필로그

    사실 내가 뜬금없이 나의 5학년 시절을 떠올리게 된 것은 바로 며칠
전의 일 때문이었어.

    며칠 전, 나는 5학년 반창회 소식을 듣게 되었지. 그 소식을 듣자마자
민수가 떠올랐지만 민수가 우리 앞에 나타날 리 없다고 생각했어. 그래
도 다른 친구들이 어떻게 변했을지 궁금한 마음에 반창회에 나가 보았
고, 물론 예상대로 민수는 보이지 않았어. 하지만 선우, 경식이, 명진이
등 간만에 5학년 2반 사고뭉치들을 만나서 매우 반가웠어.

    우리는 지난 이야기를 하며 그 시절을 그리워하기도 하고 즐거워하기
도 했어. 그리고 빼놓을 수 없는 이야기! 민수의 이야기도 나누었지.

    "지금 생각해 보면 그땐 우리 모두가 참 어렸던 것 같아."

    내 짝꿍이었던 선우가 말했어.

    "야, 그래도 민수가 다른 아이들에 비해 카리스마가 있었던 건 사실이
었어."

먼 하늘을 바라보며 경석이가 말했지.

"그나저나 민수 걘 어떻게 지낸대? 동현이 넌 알아?"

"그래, 네가 제일 친했잖아."

아이들은 나한테 민수의 소식을 물었지만 나 역시 민수의 소식이 궁금할 뿐 민수에 대해 알고 있는 건 전혀 없었어.

"아니, 나도 잘 몰라."

그런데 내가 대답을 하고 있는 사이에 아이들이 하나 둘 모두 같은 방향으로 고개를 돌리기 시작했어.

"어?"

"어?"

"너……"

아이들 모두가 놀란 표정을 짓기에 나도 아이들의 시선을 따라가 보았어. 근데 이게 누구야? 바로 민수가 아니겠어?

"좀 늦었어. 미안!"

민수는 우리가 처음 만났던 그날처럼 해맑은 미소를 지으며 들어왔어.

"민수야! 오랜만이야."

"이야! 반갑다, 정말!"

잠시 놀랐던 아이들은 금세 다 같이 기쁘게 민수를 맞아 주었고 그동안 어떻게 지냈는지에 대한 이야기를 나누었지.

민수는 보통의 또래와 다를 바 없는, 평범한 학생이 되어 있었고 우리는 민수를 '반장'으로서가 아닌 또래 친구로 대하며 편하게 이야기를 나누었어.

"지금 우리 반은 컴퓨터 잘하는 사람이 무조건 짱이야."

"우리 반에서는 춤! 우리 반에 힙합 댄스를 끝내 주게 추는 애가 있는데, 말도 못해. 말도 못해."

"우리 반은 얼짱이 진정한 짱이야! 얼굴 예쁜 사람 말이야, 호호."

"야! 그래서 너 벌써 쌍꺼풀 수술한 거냐?"

"아니, 뭐 꼭 그런 것만은 아니지만…… 흠흠, 솔직히 요새 쌍꺼풀 수술은 기본이라고! 요즘 뜨는 연예인 좀 봐 봐. 벌써 외모에서 카리스마가 느껴지잖아, 호호."

"야! 그건 진정한 카리스마가 아니라니까! 넌 하여튼 만날 조회 시간에 잠만 자더니!"

"하하하!"

오래간만에 만난 아이들 사이에서는 웃음꽃이 만발했어.

그곳에는 반 아이들을 저녁까지 공부시켰던 반장도, 말도 못한 채 반장에 대한 불만을 품고 있던 아이들도 존재하지 않았어. 모두가 똑같은 중학교 2학년 또래로 서로의 관심사를 이야기하며 즐거워할 뿐이었지. 진정한 카리스마가 무엇인지 배웠던 그 시절을 떠올리며 말이야.

01 우리는 방송을 통해서 '카리스마' 라는 말을 많이 듣고 있습니다.
그런데 '카리스마' 는 구체적으로 어떤 뜻일까요? 그리고 카리스
마의 종류에는 어떤 것이 있을까요?

02 카리스마적 지배는 거대사회의 지배 유형에서 일찍부터 배제되었습니다. 민수의 행동을 통해 그 이유를 생각해 봅시다.

03 다음 글을 읽고 학생들은 각각 어떤 지배 유형에 속하며, 그들이 속한 지배 유형의 특징을 간단히 적어 봅시다.

> "에헴, 너희들 모두가 알고 있다시피 나는 위대하신 김유신 장군님의 후손으로, 우리 가문을 거슬러 올라가 말하자면 먼저 가야국의 시조인 김수로왕 이야기를 빼놓을 수가 없는데…중략… 그 시대 당나라의 계략에 맞서 나라를 지켜 내셨던 김유신 장군님의 위대한 공적을 생각해 본다면, 그 후손인 나 김정민의 품성과 지도력은 두말할 나위가 없겠지?"
>
> …중략…
>
> 세 번째 후보자 주미희가 나와서 연설을 시작하였어.
>
> "나는 1학년 때부터 지금까지 줄곧 반장 자리를 놓친 적이 없어. 그 말은 무슨 뜻이겠니? 바로 내가 이미 리더십을 검증받은 인물이라는 것이지! 그러니까 의심할 것 없이 나를 반장으로 뽑아 주었으면 좋겠어."
>
> 주미희의 자신만만한 연설이 끝나고, 마지막 후보자 진섭이가 나왔어. 진섭이는 앞의 친구들과 다르게 자신만만하기는 커녕 오히려 불쌍한 눈빛으로 친구들을 바라보았지.
>
> "나는 유명한 조상의 몇 대손도 아니고, 반장을 해 본 적도 없어. 그런데…… 너희, 나 알지? 응? 알지?"
>
> 진섭이는 매우 애절한 표정으로 반 아이들에게 호소했어.
>
> "우리 엄마는 내가 반장 한 번 해 보는 게 소원이시래. 너희가 우리 엄마 소원 좀 들어줘라. 응? 부탁한다. 친구들아!"

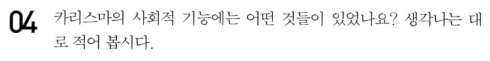

04 카리스마의 사회적 기능에는 어떤 것들이 있었나요? 생각나는 대로 적어 봅시다.

05 리더에게 있어 가장 중요한 덕목은 무엇인가요? 또한 리더십 있는
사람이 되기 위해서 갖추어야 할 가치관은 어떤 것인가요?

06 카리스마의 현대적인 의미는 두 가지로 나눌 수 있습니다. 그 두 가지는 무엇인가요?

통합형 논술
문제풀이

01 카리스마란 신이 주신 선물(gift)이라 할 수 있습니다. 구체적으로 카리스마는 신으로부터 부여받은 기적 실현, 영(靈)의 식별과 예언 능력, 나아가 지배자의 초자연적·초인간적·비일상적인 힘 따위를 일컫게 되었습니다. 이를 막스 베버가 지배의 세 가지 유형 중 하나로 제시하면서 카리스마는 널리 알려지게 되었습니다. 막스 베버가 제시한 지배의 세 가지 유형은 바로 합리적(합법적) 지배, 전통적 지배, 그리고 카리스마적 지배입니다. 특히 카리스마적 지배는 예언자와 신자, 독재자와 추종자 같은 관계에 비유됩니다. 순수한 카리스마는 권위와 지배의 원천이 되며 사람들에 대해서 승인과 복종을 의무로 요구합니다. 이 지배 관계는 관료적 절차나 전통적 관습 또는 재정적 뒷받침에 의거하지 않고 오직 지도자 고유의 탁월한 능력에 대한 확신에만 근거하고 있습니다.

02 카리스마적 지배가 거대사회의 지배 유형에서 일찍부터 배제된 이유는 무엇보다 지도자에 대한 자발적 추종과 존경에 의존하는 근거의 불안정성 때문입니다. 카리스마적 지배는 지도자 개인의 실패가 추종 집단 전체의 해체로 이어지기 때문에 개인의 불안정성이 곧 집단 전체의 불안정성이 됩니다. 또한 복종자의 추종과 존경의 원천인 카리스마가 얼마 동안 증명되지 않을 경우 카리스마적 권위는 땅에 떨어지고 지도자는 비참한 길을 걷게 됩니다. 이와 같은 이유로 해서 카리스마적 지배는 거대사회의 지배 유형에서 일찍부터 배제된 것입니다. 민수의 경우를 생각해 보면 민수가 보여 준 시험 대비 방법도 카리스마적 지배의 유일한 원천인 반 아이들의 추종이 따르지 않음으로써 그 불안정성이 드러난 예입니다. 그래서 결국 카리스마적 권위가 떨어진 반장 민수가 전학을 가게 된 사태로까지 이어지게 되었지요.

03 정민이의 경우는 전통적 지배 유형에 속합니다. 이것은 정민이처럼 자신의 유명한 조상을 내세운다든가, 국회의원 선거에서 후보가 자기를 소개하

면서 지역 토박이임을 내세워 권위의 근거를 찾는 것과 같은 유형입니다. 반면에 미희는 합리적(합법적) 지배 유형에 속합니다. 출신 학교를 자세히 밝히고 변호사 등과 같은 공식적 자격을 우선시하는 후보는 권위의 근거를 합법적 제도에서 찾는 지배 유형입니다. 한편 진섭이는 카리스마적 지배 유형입니다. 카리스마적 지배 유형은 순수한 개체의 우수성과 능력을 앞세웁니다. 드문 경우긴 하지만 특별한 이력을 밝히지 않고 아무개라는 이름 석 자만을 내세우거나 개인적 비범성을 드러내는 업적만 간단히 열거하는 후보가 카리스마적 지배 유형에 속합니다. 또 역으로 어떤 유형의 후보가 많은 지지를 받는가를 통해서 그 지역이 어떤 지배 유형의 사회인가를 판단할 수도 있지요. 카리스마가 아주 강한 지도자는 직위를 통해서 힘을 얻을 뿐만 아니라 자신의 능력으로 직위에 힘을 실어 줍니다.

04 카리스마의 사회적 기능 중 첫 번째는 모든 분야의 정점에 있는 인물만이 지닌 긍정적 능력으로서 지도 · 통합적 기능이 있다는 것입니다. 그리고 모든 분야의 정점에 있는 인물만이 지닌 부정적 능력으로서 억압 · 지배의 기능도 있습니다. 특히 비상 상황에서 초법적 · 개혁적 지배에 대한 정당성을 부여하는 기능이 있으며 전통의 폐단에 저항하고 거스르는 개혁적 성격의 기능이 있습니다. 오늘날에는 매스미디어를 통한 정보 조작에 의하여 지배의 정당화를 꾀하는 유사 카리스마를 만들도록 부추기는 경향이 있습니다.

05 리더에게 있어 가장 중요한 덕목은 바로 도덕성입니다. 리더는 도덕성을 지닌 올바른 목적을 가지고 있어야 합니다. 더욱 중요한 건 그 목적을 이루는 과정에서도 도덕성을 잃으면 안 된다는 것입니다. 또한 리더십이 있는 사람이 되기 위해서는 자유로운 대화와 비판을 받아들일 수 있는 개방적인 가치관을 지니고 있어야 합니다. 그래야 비로소 진정한 카리스마가 우러나오는 것입니다.

06 카리스마의 현대적인 의미는 두 가지로 나눌 수 있습니다. 그 첫 번째는 바로 선천적 요소입니다. 상식적으로 설명이 불가능한 능력(특히 지도력)과 자발적 추종을 유발하는 매력으로서, 오늘날 대중으로부터 선망의 대상이 되는 것을 말합니다. 두 번째는 후천적 요소입니다. 카리스마는 후천적으로 학습과 습득이 가능하다는 긍정적인 측면과, 조작되는 이미지라는 부정적인 측면을 가지고 있습니다.